DER FALL ENTENHAUSEN

Botho Bremer

DER FALL ENTENHAUSEN

Die Machenschaften von Dagobert,
Donald und der übrigen Brut
auf dem juristischen Prüfstand

Eichborn.

Der Autor dankt Ansgar Fischer, Klaus Meier, Susanne Schnatmeyer und Dirk-Uwe Spengler, ohne deren Mitwirkung dieses Buch nicht zustandegekommen wäre.

© für die Abbildungen: The Walt Disney Company (Germany) GmbH.
Die Abbildungen wurden mit freundlicher Genehmigung aus Veröffentlichungen des Ehapa Verlages entnommen.

© Vito von Eichborn GmbH und Co. Verlag KG, Frankfurt am Main, Oktober 1994.
Umschlaggestaltung: Rüdiger Morgenweck unter Verwendung eines im Ehapa Verlag erschienenen Comics.
Satz: TechnoScript, Bremen.
Druck und Bindung: Fuldaer Verlagsanstalt, Fulda.
ISBN 3–8218–3345–9
Verlagsverzeichnis schickt gern: Eichborn Verlag, Kaiserstraße 66, D-60329 Frankfurt.

Inhalt

Abkürzungsverzeichnis

a.a.O.	am angegebenen Ort
a.E.	am Ende
a.F.	alte(r) Fassung
a.M.	am Main
Abb.	Abbildung
AbfG	Abfallgesetz
ABl.	Amtsblatt
Aktz.	Aktenzeichen
Anm.	Anmerkung
BayObLG	Bayerisches Oberstes Landesgericht
Bd.	Band
BGB	Bürgerliches Gesetzbuch
BGBl.	Bundesgesetzblatt
BGH	Bundesgerichtshof
BGHSt	Entscheidungen des Bundesgerichtshofes in Strafsachen (Amtliche Sammlung)
BGHZ	Entscheidungen des Bundesgerichtshofes in Zivilsachen (Amtliche Sammlung)
BT-Drs.	Drucksachen des Deutschen Bundestags (Wahlperiode / laufende Nummer)
BtMG	Betäubungsmittelgesetz
BVerfG	Bundesverfassungsgericht
BVerfGE	Entscheidungen des Bundesverfassungsgerichtes (Amtliche Sammlung)
BVerwG	Bundesverwaltungsgericht
BVerwGE	Rechtsprechung des Bundesverwaltungsgerichtes (Amtliche Sammung)

8

CBL	Barks Library, deutsche Ausgabe (Heft, Seite)
CD	Compact Disk
DM	Deutsche Mark
DR	Deutsches Recht
DRiZ	Deutsche Richterzeitung
Entw.	Entwurf
etc.	et cetera
f.	folgende (Seite)
FDJ	Freie Deutsche Jugend
ff.	folgende (Seiten)
FS	Festschrift, Festgabe, Gedächnisschrift
GA	Goldtammer's Archiv für Strafrecht
GG	Grundgesetz
Goofy	Goofy (Heft / Jahr, Seite)
GWB	Gesetz gegen Wettbewerbsbeschränkungen
h.M.	herrschende Meinung
Hrsg.	Herausgeber
hrsg.	herausgegeben
i.d.F.	in der Fassung
i.d.R.	in der Regel
JZ	Juristen-Zeitung
JVA	Justizvollzugsanstalt
KG	Kammergericht
KWKG	Kriegswaffenkontrollgesetz
LG	Landgericht
LK	Leipziger Kommentar
LTB	Lustige Taschenbücher (Heft, Seite)
LuftVG	Luftverkehrsgesetz
m.w.N.	mit weiteren Nachweisen
MDR	Monatsschrift für Deutsches Recht
MM	Walt Disneys Micky Maus (Jahr / Heft, Seite)
MschrKrim	Monatsschrift für Kriminalwissenschaften (Zs.)
NJW	Neue Juristische Wochenschrift
NStZ	Neue Zeitschrift für Strafrecht
OLG	Oberlandesgericht
P.F.L.O.V.St.H.F.	Pfadfinder-Landes-Oberverbands-Stabs-Hauptführer
Rdnr.	Randnummer

9

RG	Reichsgericht
RGSt	Entscheidungen des Reichsgericht in Strafsachen (Amtliche Sammlung)
SH	Sonderheft der Micky Maus
StGB	Strafgesetzbuch
TGDD	Die tollsten Geschichten von Donald Duck (Heft / Seite)
u.a.	und andere
v.	von
Verf.	Verfasser
VersG	Versammlungsgesetz
vgl.	vergleiche
WG	Wohngemeinschaft
z.B.	zum Beispiel
zit.	zitiert
Zs.	Zeitschrift

Einleitung

Entenhausen ist eine unheile Scheinwelt. Die liebenswerten Enten des Duck-Clans verstecken ihre kriminelle Veranlagung geschickt unter ihrem unschuldsweißen Federkleid. Grobian Gans[1] hat bereits aus soziologischer und psychologischer Sicht herausgearbeitet, wie emotional verarmt unsere Entenfreunde in Wirklichkeit sind und welchen sexuellen Perversionen besonders die älteren Erpel nachgehen. Dennoch feiert alle Welt den sechzigsten Geburtstag Donalds, verehrt die Regenbogenpresse unter verlogener Berufung auf Volkes Stimme einen gefährlichen Kaufhauserpresser als „Dagobert". Wir haben uns gefragt: Wie kann die Welt die Augen vor dem himmelschreienden Unrecht verschließen, welches die Ducksche Sippe tagtäglich im friedlichen Entenhausen anrichtet, desen Bevölkerung sich mehrheitlich aus gesetzestreuen Canoiden zusammensetzt?

Oheim Dagobert, ein klinischer Fetischist, betreibt exzessive Goldschnüffelei und badet gar in den Essenzen seiner Droge. Dieser Erzkapitalist vertreibt Kriegswaffen, betrügt naive Mitbürger und Mitbürgerinnen der Dritten Welt in einem fort um Bodenschätze und Kostbarkeiten und entführt seine Großneffen in Kriegsgebiete.

Donald kompensiert seine geistigen und finanziellen Defizite, indem er Wut und Haß gegen sich selbst gnadenlos an seinen Nef-

---

1. *Grobian Gans*, Die Ducks. Psychogramm einer Sippe, 1972.

fen ausläßt, unter dem Deckmantel der „Erziehung". Gustav, der Kleingauner Marke „Heiratsschwindler", der widerliche Gockel und Aufschneider, lebt ausschließlich von Betrügereien, Fundunterschlagungen, Lotteriemanipulation und Diebstählen. Nicht sein Glück, sondern sein mieser Charakter sichert seinen Lebensunterhalt. Und die drei minderjährigen Neffen? Alle Hoffnung ruht auf ihnen, und doch: Sie sind begeisterte, ja fanatische Mitglieder einer paramilitärischen Organisation namens Fähnlein Fieselschweif, vielleicht die Jugendorganisation einer rechtsgerichteten Partei, möglicherweise auch einer religiösen Sekte. Es deutet alles darauf hin, daß auch die Kinder nicht anders als ihre älteren Anverwandten im kriminellen Sumpf untergehen werden. Selbstverständlich sind die Panzerknacker ein bewaffneter Haufen, eine kriminelle und terroristische Vereinigung. Aber braucht nicht jede Gesellschaft einen Blitzableiter, ein Ventil, das all die Hilflosigkeit und Empörung gegenüber den Duckschen Verbrechen auf eine Gruppe maskierter und lächerlich uniformierter Sonderlinge lenkt?

Die wahren Übeltäter sind in Entenhausen nicht die Canoiden, sondern die Enten, die in exhibitionistischer Provokation nicht einmal Hosen in der Öffentlichkeit tragen und in den Geldzentralen Entenhausens zu Hause sind.

Der empörte Aufschrei unzähliger Donald-begeisterter Micky-Maus-Leser klingt uns bereits in den Ohren, rauben wir hier doch möglicherweise einer ganzen Generation die Illusionen über die niedlichen Enten und ihre auf den ersten Blick so harmlos erscheinende Lebenswelt. Der Schöpfer des Duckschen Kosmos, Carl Barks, hat uns allerdings schon vor Jahren gewarnt: „Donald ist keine Ente, er sieht nur so aus."

12

I.
Das Rechtssystem in Entenhausen

Bevor wir uns den Delinquenten zuwenden, soll eine knappe Darstellung des Rechtswesens in Entenhausen einen Eindruck davon vermitteln, vor welchem rechtspraktischen Hintergrund die Straftaten verübt werden.

Denn offenbar funktioniert das Rechtssystem Entenhausens nicht generalpräventiv: es schreckt vor der Begehung neuer Straftaten nicht ab. Als schillerndes Beispiel darf man hier namentlich auf die Aktiengesellschaft Panzerknacker hinweisen, deren Mitglieder (Aktionäre?) bereits aus Gewohnheit Verbrechen verüben und gleichwohl noch einen guten Teil ihres Lebens außerhalb der Justizvollzugsanstalt verbringen.

1. Justiz

a) Gericht

In Entenhausen gibt es ein Amtsgericht mit Säulenportal, in dem erstinstanzliche Zivil- und Strafverfahren verhandelt werden. Im Kontrast zur antiquierten Aufmachung des Gerichtspersonals (Perücke, Robe) und zur klassizistischen Architektur des Gerichtsgebäudes steht eine moderne Ausstattung, von der die meisten deutschen Gerichte nur träumen. Das Gericht verfügt beispielsweise über ein Rechenzentrum, mit dessen Hilfe selbst komplexe Kalkulationen, wie die Errechnung des Stundeneinkommens Dagoberts, in kürzester Zeit vollzogen werden können[2].

Üblicherweise tritt der im wahrsten Sinne des Wortes kauzige Richter Dr. Euler[3] auf, wobei es keine Trennung zwischen straf- und zivilrechtlicher Zuständigkeit gibt. Neben Dr. Euler tagen selten auch noch der stets um Versöhnung der Parteien bemühte Richter Friedensburg, (der übrigens bis 17 Uhr Verhandlungen durchführt[4]), sowie andere namenlose Persönlichkeiten. Auch in Entenhausen gilt übrigens das Postulat der richterlichen Unabhängigkeit in vollem Umfang („Nur schnell! Punkt eins muß ich zum Essen zu Hause sein"[5]). So verstaubt Dr. Euler mit seiner al-

---

2. TGDD 62, 10 ff., das Stundeneinkommen Dagoberts beträgt 22 397 480 Taler.
3. Die Panzerknacker nennen ihn auch schon mal Richter Gnädig, TGDD 69, 66.
4. TGDD 54,8.

14

tertümlichen, aus dem angelsächsischen Rechtskreis entnommenen Perücke auf den ersten Anblick scheinen mag, so fortschrittlich ist doch sein Verständnis von Bürgernähe. Beweis ist das große, an seinem Richterpult hängende Schild: „Sie sprechen mit Dr. Euler"[6]. Er ist ein jovialer Typ, der auch mal mit den „Herren Geschworenen" im Gerichtssaal Weihnachten feiert[7] und sich nicht scheut, Ortstermine anzuberaumen[8].

Maßgebliche Rechtsquelle ist, anders als im angelsächsischen Recht, offensichtlich nicht die Rechtsprechung, sondern gesetztes Recht. (Dr. Euler: „Darüber steht nichts in meinem Gesetzbuch"[9]). Allerdings scheint dieser Richter nicht nur eine weise Eule, sondern auch ein pragmatischer Denker zu sein, der schon mal einen Straftatbestand neu erschafft, wenn die Situation es seiner Ansicht nach erfordert. So verurteilt er Donald zur Zahlung von 50 Talern wegen Benützung[10] eines Geldstückes anstelle des gesunden Menschenverstandes[11].

Dr. Eulers richterliche Unabhängigkeit scheint gefährdet, wenn es um Umweltdelikte geht. („Man ist noch viel zu milde gegen diese Umweltverschmutzer. Das muß ganz anders werden!"[12]). Er kann dann so in Rage geraten, daß seine Perücke Feuer fängt und der Gerichtsdiener mit einer Feuerspritze löschen muß[13]. In dem nämlichen Verfahren hätte er sicherlich besser daran getan, sich für befangen zu erklären, anstatt sich von Rachegelüsten leiten zu lassen („Nie- niemals war ich mit solcher Genugtuung Richter!").

5. LTB 8, 178. Weiterführend: Interaktion vor Gericht, bearb. von *Hoffmann-Riem u.a.*, 1978.
6. MM 54/2.
7. MM 88, 51, 5.
8. MM 54/9, 17. Zu vergleichbaren Entwicklungen in China: *Crusen*, Moderne Gedanken im Chinesen-Strafrecht des Kiautschougebietes, Festband anläßlich des 25jährigen Bestehens der Internationalen Kriminalistischen Vereinigung, redigiert von E. Rosenfeld, Berlin 1914, 134.
9. MM 54, 17.
10. Der Gebrauch des Umlauts in „Benützung" könnte darauf hindeuten, daß Dr. Euler österreichischer Herkunft ist.
11. MM 54/2.
12. TGDD 54, 49.
13. TGDD 54, 49.

In seiner unkonventionellen, bisweilen selbstherrlichen Art gerät er mitunter in den Verdacht der Bestechlichkeit, wenn er Dagobert beispielsweise anbietet, dessen Strafe zu übernehmen, um dafür einmal Oldtimer fahren zu dürfen[14].

b) Verfahren

Prozeßrecht wird in Entenhausen nicht gar so groß geschrieben. Auch die Unterscheidung der einzelnen Gerichtsbarkeiten (Strafgerichte, Zivilgerichte, Verwaltungsgerichte, Arbeitsgerichte usw.) und Rechtsgebiete wird nicht randscharf vollzogen.

Strafverfahren können in Entenhausen schon innerhalb weniger Stunden nach Ergreifen des Täters zum Abschluß gebracht werden, wobei die Polizei die Rolle des Anklägers übernimmt („Wie lautet die Anklage, Wachtmeister?")[15]. In Strafverfahren sind zwölf Geschworene (nur Männer) beteiligt, und zwar offensichtlich unabhängig von der Schwere des Delikts[16].

In Zivilverfahren entscheidet eine mit Schöffen besetzte Jury über Schadensersatzforderungen[17]. Eine solch weitgehende Laienbeteiligung ist in deutschen Gerichtsverfahren nicht anzutreffen. Bemerkenswert ist auch die Kenntnis des Rechts unter den Einwohnern. Selbst komplexere zivilistische Fragen sind den Entenhausener Bürgerinnen bekannt. Als Dagobert einen Heiratsantrag von Gitta Gans ablehnt, weist diese sehr bestimmt auf ein ihr zustehendes „Kranzgeld" hin: „Dann bring' ich dich eben vor Gericht! Ich verlang' Kranzgeld, jawohl! Die Hälfte deines Vermögens wirst du an mich abtreten müssen!"[18] (Weiß Ihr Kind im Alter von 6-14 Jahren, was Kranzgeld heißen soll? Wissen Sie es?)

Zulässige Beweismittel sind Zeugen, Augenschein und Urkunden. Wer mit dem Ergebnis der ersten Instanz nicht einverstanden ist, kann innerhalb von 14 Tagen in Berufung gehen[19]. Soweit ersichtlich, gilt das Öffentlichkeitsprinzip. Allerdings gibt es offen-

---

14.   TGDD 49, 46.
15.   DD 54,8; MM 88/51, 5.
16.   MM 88/51, 5: Einbruch, Diebstahl einer Dose Bohnen.
17.   TGDD 62, 10.

16

sichtlich ein Mindestalter für Zuhörer, denn Tick, Trick und Track dürfen ihren Onkel nur mit der Genehmigung des Richters in den Gerichtssaal begleiten[20].

c) Sanktionen

Der Sanktionskatalog beginnt mit Geldstrafen, die sich teilweise auch nach Tagessätzen richten. Interessant ist, daß Geldstrafen mit Bewährung ausgesprochen werden[21], die es es nach dem deutschen Strafgesetzbuch nicht gibt. Schon daran kann man erkennen, wie nett und volkstümlich die Entenhausener Richterschar ist, denn bei dem Hinweis auf Bewährung handelt es sich lediglich um eine laienverständliche Umschreibung des § 59 StGB, wonach Geldstrafe unter Vorbehalt ausgesprochen werden kann – was so ziemlich das gleiche wie Bewährung ist.

Die Höhe der Strafzumessung entbehrt manches Mal nicht einer gewissen Eigenwilligkeit: Als Dagobert 1 Trilliarde Taler Schadensersatz zahlen soll, stellt das Gericht auf seinen Antrag hin fest, daß dies „schätzungsweise 43 457 298 mal soviel Geld [ist], als es auf der Welt gibt." Worauf der Richter erwidert: „Eine ganze Menge! Nun keiner kann behaupten, daß wir bei Gericht kleinlich sind. Die Sitzung ist geschlossen."[22]

Möglich ist auch die Verurteilung Erwachsener zu Arbeitsleistungen, wenn etwa der Umweltsünder Donald die gesamte Landstraße von Unrat säubern muß[23]. Freiheitsstrafen erhalten

---

18. Diese laienhafte Berechnung würde auf Basis des § 1300 BGB natürlich keiner Überprüfung standhalten, danach kann eine „unbescholtene Verlobte, die ihrem Verlobten die Beiwohnung gestattet, auch wegen des Schadens, der nicht Vermögensschaden ist, eine billige Entschädigung in Geld verlangen". Nachdem das Reichsgericht aber noch Summen bis zu DM 100000 festgesetzt hatte, wurden zuletzt Summen um wenige hundert DM ausgesprochen. Siehe *Moser*, Jungfernkranz und Strohkranz, in: FS *Kramer*, S. 140 f.
19. TGDD 62, 12.
20. TGDD 54, 3.
21. TGDD 117, 31.
22. MM 65/41, 39.
23. TGDD 54, 49.

Die Schöffen verkünden das Urteil...

Der Beklagte ist für schuldig befunden worden und muß dem Kläger einen Schadenersatz von 1 Trilliarde Taler zahlen.

Der Betrag ist dem Schaden durchaus angemessen.

1 Trilliarde! Haben Sie schon einmal ausgerechnet, ob es soviel Geld überhaupt gibt?

Unser Rechenzentrum prüft das gerade.

KLICK!
KLACK!
KLICK!

Wir haben noch nicht die neusten Zahlen aus Asien, aber 1 Trilliarde ist schätzungsweise 43 457 298 mal soviel Geld, als es auf der Welt gibt.

Eine ganze Menge! Nun — keiner kann behaupten, daß wir hier bei Gericht kleinlich sind. Die Sitzung ist geschlossen.

hauptsächlich die Panzerknacker, wobei auch Donald sich manchmal hinter Gittern findet, und zwar hauptsächlich im „Stadt-Knast Gemeinde-Schuldturm"[24].

Mit seiner Strafvollzugsanstalt hat Entenhausen einige Reform-

24. CBL 7, 18. Der donaldistisch gebildete Leser mag es den Autoren verzeihen, wenn sie an anderer Stelle Berichte verwenden, die strenggenommen gar keine sind (weil das Skript nicht von Carl Barks ist), aber durch die Fülle der Schandtaten ist unser Rechtsbewußtsein herausgefordert.

18

versuche hinter sich. Es gab einerseits die karge Gitterzelle mit Holzpritsche, wo um acht Uhr abends der Strom ausgeschaltet wurde[25], und die Verurteilung zu 30 Jahren Steinbruch[26], sowie andererseits das Resozialisierungsprojekt „Volkshochschule für unsere gestrauchelten Brüder" mit den Schlagworten „Der Kluge klaut nicht" oder „Verbrechen ist Dummheit". Die Panzerknacker konnten hier während ihrer Haftzeit Diplome erwerben, die sie natürlich entgegen der Erwartung des Herrn Gefängnisprofessors nicht zur Suche ehrlicher Arbeit einsetzten[27]. Dr. Euler scheint aber nach wie vor der Ansicht zu sein, daß ein Gefängnisaufenthalt eine Besserung der Panzerknacker bewirken kann[28].

2. Rechtsanwälte

Während das Entenhausener Gerichtswesen einem deutschen Juristen eher fremd ist, begegnen uns in den Rechtsanwälten bekannte Personen und Klischees wieder[29]. Die Rechtsanwälte sind Hunde oder widerliche Eber, treten meist im Anzug oder Cut und Zylinder auf und entsprechen ganz dem Volksmunde, der sie gerne als Rechtsverdreher und Beutelschneider abqualifiziert. Als unsympathischer Vertreter der Rechtsanwaltschaft wird unter anderem Justizrat Wendig dargestellt, der mit Juristenlatein um sich wirft: „Flicus, Flacus, Fumdideldacus"[30], „Hocus, Locus, Jocus"[31] und in konsequenter Steigerung „Sicus, Picus, Sellericus"[32].

---

25. TGDD 34, 66.
26. MM 85/16, 23.
27. TGDD 69, 44. Insgesamt ist diese Episode eine billige Disneysche Polemik gegen einen liberalen Strafvollzug.
28. TGDD 69,66.
29. Hierzu *Westermann, H. P.*, Über Unbeliebtheit und Beliebtheit von Juristen, 1986, 45 ff.
30. Übers.: Wie wollen sie das Gegenteil beweisen? SH 18, 7.
31. „Wer zuerst kommt, mahlt zuerst."
32. „Da haben wir den Salat". a. a. O.

19

DARF ICH FRAGEN, WAS SIE ALS MEIN RECHTSBERATER GEGEBENENFALLS VERLANGEN?

PUMPUS, PINCUS, MALEPARTUS! AUF DEUTSCH: GUTER RAT IST TEUER.

3. Strafverfolgung

Die Polizei in Entenhausen besteht – wie der Großteil der dortigen Bevölkerung – im mittleren und gehobenen Dienst ausschließlich aus Hundefiguren, was ein Beweis für die selbstselektiven Tendenzen im öffentlichen Dienst sein dürfte. Andererseits schnappt sich die örtliche Polizei den randalierenden Dagobert samt seinem Kontrahenten nach Hundefängerart per Kescher zur gerichtlichen Vorführung.[33] Die Vertreter der Kripo bzw. der Staatsanwaltschaft können auch Kauze sein[34]. Die Polizeiuniform entspricht der amerikanischer Cops, die „Wachtmeister" tragen Schlagstöcke und gehen ihrer Arbeit auch in Zivil nach[35]. Verhaftet wird in der Regel nach Vorliegen eines Haftbefehls[36]. Insgesamt wird ein eher nüchternes Polizistenbild gezeichnet. Die Uniformierten stehen entweder mit dümmlichem Gesichtsausdruck stramm herum oder laufen kopflos durch die Gegend. Auf jeden Fall sind sie mit der Aufgabe, das Vermögen Dagoberts zu schüt-

---

33.   „Ich, Dagobert", a.a.O., S. 50.
34.   TGDD 95, 54.
35.   TGDD 117, 31; TGDD 2, 31.
36.   TGDD 117, 23.

20

zen und die Panzerknacker zu bekämpfen, völlig überfordert. Nicht unerwähnt bleiben darf in diesem Abschnitt der „Schulpolype", der schwänzende Schulkinder mit Netzen einfängt und in einem Käfigwagen zum Nachsitzen bringt – eine Aufgabe, die auch Donald schon ausgeführt hat[37].

37.   TGDD 11, 58.

III.

Dagobert Duck

1. Goldschnüffelei:
Strafbarkeit wegen Betäubungsmittelmißbrauchs

Dagoberts besondere Affinität zum Geld ist bekannt. Der alte Zausel badet allmorgendlich[38] in seinen Fantastillionen, taucht in sie wie ein Walfisch, gräbt Gänge wie ein Maulwurf, wirft es hoch, um eine Dusche zu nehmen. Auch tagsüber braucht er den körperlichen Kontakt mit Münzgeld, füllt seine Hängematte mit Goldtalern und ruht darin. Die geneigte Leserschaft und die Entenverwandten mögen dies erheiternd finden und sich schmunzelnd zurücklehnen ob dieser offensichtlichen Marotte eines Trillionärs, der mit seinen Kreuzern charmiert. Bei näherem Hinsehen zeigt unser Dagobert jedoch alle Anzeichen langjährigen Goldstaubmißbrauchs mit schwersten gesundheitlichen Folgeschäden[39].

Sucht und Abhängigkeit stehen für das unbezwingbare Verlangen zur fortgesetzten Einnahme und Steigerung der Dosierung der Droge, Entzugserscheinungen nach Abstinenz sowie individuelle und soziale Folgeschäden[40].

---

38. „DD und die Dollar-Schlacht" in „Ich, DD", Band 2, 1974, S.65.
39. TGDD 112, 58.

Ersteres steht außer Frage, da Dagoberts einziges Bestreben darin besteht, die ihm zur Verfügung stehende Geldmenge stets zu steigern. Lange Zeit hat man gerätselt, warum Dagobert nicht längst zum bargeldlosen Zahlungsverkehr übergegangen ist, sondern sein Geld in natura dem Zugriff der Panzerknacker aussetzt[41]. Die Antwort liegt auf der Hand: Die sterile Kassenhalle einer Entenhausener Kreissparkasse enthält nicht ein Quentchen des zur Suchtbefriedigung erforderlichen Goldstaubs, auch Kontoauszüge riechen nicht nach Gold!

Die Tendenz zur Steigerung der Dosierung ist bei Dagobert offenbar und bedarf keiner weiteren Belege. Die Entzugserschei-

---

40. *Pschyrembel*, Klinisches Wörterbuch, 256. Auflage 1990, Stichwort: Abhängigkeit.
41. *Darius Ducking*, „Risiken und Chancen des bargeldlosen Zahlungsverkehrs am Beispiel des Duck'schen Imperiums", Ducksborough 1991.

nungen nach Abstinenz sind bereits nach kürzester Zeit fürchterlich. Zunächst stellt sich ein unbezwingbarer Juckreiz ein[42]. Dagobert bekommt bereits bei dem Gedanken daran, daß jemand plant, ihm sein Geld wegzunehmen, am ganzen Körper Schmerzen, genauer gesagt einen Hexenschuß[43]. Dieser steigert sich zu Gicht, Podagra[44] und Zipperlein in allen Gelenken, schließlich Magenkolik und hohem Blutdruck. Der psychische Zustand Dagoberts retardiert: „Ach laßt nur, Kinder, mit mir geht's zu Ende"[45].

Genau dies sind nun aber die Folgen übermäßigen langjährigen Goldstaubmißbrauchs! Die Wirkung von *aurum metallicum* ist längst erforscht. Typisch sind die rheumatischen Schmerzen mit Schwellung der Gelenke, der Blutdruck ist erhöht, das Klopfen der Temporalis- und Caroitsadern ist sichtbar[46]. In starken Dosen greift Aurum die Drüsen an. Unter den typischen Aurum-Patienten sind – in erschreckender Parallele zu unserem reichen Erpel – korpulente, lebensmüde Greise statistisch dominant[47]. Die psychischen Begleitsymptome äußern sich häufig auf dramatische Weise: Der Patient glaubt, er tauge nichts, habe den Tag der Gnade verscherzt und sei der ewigen Seligkeit nicht würdig! Er erwartet jederzeit böse Nachrichten, jede Kleinigkeit macht ihn unruhig und verdrießlich[48], er ist stark hypochondrisch und neigt zu Selbstmord[49]. Dazu Dagobert: „Wehe mir! Auf meine alten Tage arm wie eine Kirchenmaus!". Eine geradezu lächerliche Äußerung angesichts des Unmaßes an Vermögen, über das Dagobert

---

42.   TGDD 69,66.
43.   TGDD 96,3.
44.   Gichtanfall im großen Zeh.
45.   TGDD 96,6.
46.   *Charette*, Homöopathische Arzneimittellehre für die Praxis, 5.Aufl. 1987, S.89.
47.   *Charette*, Homöopathische Arzneimittellehre für die Praxis, 5.Aufl. 1987, S.90.
48.   So sehr ausführlich *Kent*, Kents Arzneimittelbilder, Vorlesungen zur homöopathischen Materia medica, 8. Aufl., 1990, 181 ff.
49.   *Charette*, Homöopathische Arzneimittellehre für die Praxis, 5.Aufl. 1987, S. 90.

verfügt. Die psychische Wirkung von Goldstaub hat den großen Homöopathen Prof. Dr. James Tyler Kent zu folgender für Dagobert vernichtende Erkenntnis gebracht: „Fassen wir die psychischen Symptome des Mittels als geschlossenes Ganzes auf, werden wir erkennen, daß alle Neigungen des Aurum-Patienten pervertiert (!) sind; ...Wahnsinn geht durch das gesamte Mittelbild; ... er geht vom Willen aus und befällt erst sekundär den Geist"[50].

Für den Leser ist es schließlich ein Glück, daß er Dagobert noch nicht leibhaftig gegenüber stand, denn typisch für den Aurum-Geschädigten ist auch der stinkende Mundgeruch „wie von altem Käse..."[51].

So hat Onkel Dagobert sein Geld also wieder einmal gerettet, und alles ist wieder wie zuvor...

Ein Geldbad ist wirklich sehr empfehlenswert, nicht nur bei Bankiers-Jucken, sondern auch bei Frostbeulen, Schweißfüßen, Haarausfall und anderen Hautkrankheiten.

Dies zeigt deutlich, wie dramatisch weit die seelische und körperliche Abhängigkeit Dagoberts bereits gediehen ist. Wie jeder typische Suchtkranke verherrlicht Dagobert das auf den ersten Blick edle Metall, ja er will jeden Kreuzer und Taler einzeln wie-

---

50. *Kent*, Kents Arzneimittelbilder, Vorlesungen zur homöopathischen Materia medica, 8. Aufl., 1990.
51. *Charette*, Homöopathische Arzneimittellehre für die Praxis, 5.Aufl. 1987, S. 91.

25

dererkennen und seinen Ursprung erklären können, eine bedenkliche Personifizierung des Rauschmittels[52], der die unmündigen Neffen wie erwartet fasziniert erliegen und sich selbst im tückischen Metall wälzen[53].

Dagobert stilisiert das Gold zum Allheilmittel gegen „Bankiers-Jukken, Haarausfall und anderen Hautkrankheiten"[54] hoch. Sein Glück – oder eher sein Pech! – ist es, daß der Umgang mit Geld gesellschaftspolitisch nicht geächtet, sondern im Gegenteil als Ausdruck persönlichen Erfolgs betrachtet wird: es drängt sich der Vergleich zum Nikotinmißbrauch auf, der auch dadurch nicht sein positives Image verloren hat, daß prominente Dauerqualmer wie z. B. Humphrey Bogart, Protagonist des lässigen Rauchers, an schnödem Lungenkrebs zugrunde gegangen sind.

Es bleibt damit eines festzustellen: Dagobert ist kein harmloser Spinner, sondern ein unbelehrbarer Dauerkonsument (genannt auch User), der den tödlichen Stoff bislang ungestraft täglich in hohen Dosen zu sich nimmt. Die Sucht wird von einer Beschaffungskriminalität begleitet, die ihresgleichen sucht. Kein Wunder angesichts der Unmengen an Stoff, die Dagobert täglich zur Befriedigung seiner perversen Lust benötigt. Es ist traurig, wie verharmlosend der offensichtliche Mißbrauch der Droge Goldstaub bisher in Wissenschaft und Forschung behandelt worden ist. Die Beziehung Dagoberts ist beschönigend als „sinnlich und Ausdruck künstlerischen Empfindens" dargestellt worden[55]. In grob vereinfachender Anwendung Freudscher Lehren deutet Grobian Gans das Baden im Geld lediglich als abstoßendes Beispiel sexueller Perversion[56].

Resozialisierungsmaßnahmen werden bei diesem Täter nichts

---

52. Siehe etwa die traurige Trinkerballade „Johnny Walker" von Marius Müller-Westernhagen, in der eine hochprozentige Spirituose als „bester Freund" bezeichnet wird.
53. TGDD 112,41; vgl. auch: „Donald Duck und die Dollar-Schlacht" in „Ich, DD" Band 2, S. 62.
54. TGDD 69,66.
55. *Kunzle*, Carl Barks: Dagobert und Donald Duck, S. 30.
56. *Grobian Gans*, Die Ducks, S. 24.

26

mehr bewirken. So ist kaum vorstellbar, daß Dagobert sich freiwillig in sozialtherapeutische Behandlung begeben würde, da diese nicht umsonst zu haben ist. Ein Entzug scheint angesichts der tief in den Persönlichkeitsstrukturen des Enterichs verwurzelten Sucht aussichtslos, eine Ersatzdroge – etwa Monopoly-Geld – vermag nichts auszurichten, eine Klinikeinweisung würde lediglich die körperlichen Symptome, nicht aber die Ursache bekämpfen. Deshalb bedarf es zumindest der abschreckenden Wirkung der strafenden staatlichen Hand!

a) § 29 BtMG

Gemäß § 29 Abs. 1 Nr. 3 BtMG wird mit Freiheitsstrafe bis zu vier Jahren oder mit Geldstrafe belegt, wer Betäubungsmittel besitzt, ohne sie aufgrund einer Erlaubnis nach § 3 des Gesetzes erlangt zu haben. Da Dagobert die kleinen Neffen dazu verführt hat, ebenfalls ein Bad im Geldspeicher zu nehmen, könnte zudem ein besonders schwerer Fall vorliegen. Denn mit Freiheitsstrafe nicht unter einem Jahr wird bestraft, wer Betäubungsmittel an Personen unter 18 Jahren abgibt, verabreicht oder zum unmittelbaren Verbrauch überläßt.

Was Betäubungsmittel im Sinne des Gesetzes sind, sagt uns § 1 des BtMG. Es sind nämlich nur die in den Anlagen I bis III zum Gesetz aufgeführten Stoffe und Zubereitungen. Alles andere darf man also ungestraft verkaufen, konsumieren und anbieten! Die Bundesregierung hat allerdings die Möglichkeit, die *Liste verbotener Stoffe* zu ergänzen, wenn dies nach wissenschaftlicher Erkenntnis wegen der Wirkungsweise eines Stoffes, vor allem im Hinblick auf das Hervorrufen einer Abhängigkeit, erforderlich ist. Bekanntlich nicht enthalten sind in dieser Liste die Volksdrogen Nikotin und Alkohol; vielleicht auch deshalb, weil Volksvertreter auch Menschen sind und sich von ihren Lastern auch nicht durch selbstgemachte Gesetze befreien mögen. Da die Mitglieder des Bundestages z. B. Cannabisprodukten offensichtlich weniger

27

offenherzig zuspricht als der Durchschnitt der Bevölkerung[57], ist dies Rauschmittel weiterhin verboten. Dagobert hat sich also nur strafbar gemacht, wenn sich auf der Positivliste zum Betäubungsmittelgesetz auch das Mittel aurum metallicum befindet. Dies findet man dort jedoch wider Erwarten nicht.

Eine Strafbarkeit scheint damit auszuscheiden.

b) Rechtspolitische Erwägungen

De lege ferenda ist zu überlegen, daß Goldstaub und die entsprechenden Derivate wie Goldtaler, Goldbarren und Nuggets in die Liste der Betäubungsmittel aufgenommen werden sollten.

Die von dauerhaftem Goldstaubmißbrauch ausgehenden Gesundheitsgefahren und das immense Abhängigkeitspotential sind wissenschaftlich belegt. Als aussagekräftigster Probant steht Dagobert selbst zur Verfügung. Gegenüber den schrecklichen Folgen der Sucht nach Gold erscheint das gelegentliche Konsumieren eines Haschischpfeifchens geradezu lächerlich, was den Gesetzgeber nicht daran gehindert hat, Besitz und Genuß von Cannabis mit Billigung des Bundesverfassungsgerichts weiterhin unter Strafe zu stellen. Ein entscheidender Unterschied zu Alkohol und Cannabis liegt sicher darin, daß Goldstaub nicht geeignet ist, zu einer Betäubung im Sinne eines Rausches zu führen. Auch gebietet der im Grundgesetz verankerte Gleichheitssatz es nicht, alle potentiell schädlichen Drogen gleichermaßen zu verbieten oder zuzulassen. Der Gesetzgeber muß auch an die verschiedensten Verwendungsmöglichkeiten der Stoffe denken, weshalb z.B. Uhu und Benzin noch immer frei verkäuflich sind, obwohl sie als „Schnüffelstoffe" mißbraucht werden können. Schließlich kann der Gesetzgeber eine Droge wie den Alkohol auch deshalb freigeben, weil er als Lebens- und Genußmittel dient, in Form von

---

57. Geschätzte Konsumenten: 800000 bis 4 Millionen, vgl. diese recht grobe Schätzung im Beschluß des Bundesverfassungsgerichts vom 9.3.1994, NJW 1994, 1577 (1581).

Wein im religiösen Kult Verwendung findet und – so die etwas weltfremde Feststellung des Bundesverfassungsgerichts – dessen berauschende Wirkung durch soziale Kontrolle überwiegend vermieden wird[58].

Dies alles spricht jedoch nicht dagegen, Gold als Betäubungsmittel zu verbieten. Ein Goldverbot hätte vielmehr den positiven Nebeneffekt, das Entenhausener Währungssystem wieder gerade zu rücken[59].

c) Ergebnis

Über Dagobert schwebt folglich ständig das Damoklesschwert eines Verbots des Goldstaubmißbrauchs, das nach Veröffentlichung dieser Erwägungen sicher zu erwarten ist.

2. Exhibitionismus, § 183 StGB

Dagobert trägt wie die übrige Brut (Donald, Gustav, Tick, Trick und Track) beständig und penetrant seinen entblößten weißen Unterleib zur Schau – es liegt nahe, hierin Fälle fortgesetzter exhibitionistischer Handlungen zu sehen. Nach § 183 StGB wird ein Mann bestraft, der eine andere Person durch eine exhibitionistische Handlung belästigt.

Interessant ist hier zunächst, daß nur der Exhibitionismus des Mannes bestraft wird – es kann also dahingestellt bleiben, ob die angedeuteten Rüschenkränze um die Beine von Oma und Daisy Duck auf Unterhosen schließen lassen. Strafbar gemacht haben können sich hier nur die Erpel der Sippe.

Als exhibitionistische Handlung wird allgemein eine sexuelle Handlung verstanden, die darin besteht, daß der Täter einem anderen ohne dessen Einverständnis sein entblößtes Geschlechtsteil

---

58. BVerfG, Beschluß vom 9.3.1994, NJW 1994,1577 (1585).
59. Siehe unter II.7.

vorzeigt, um sich dadurch sexuell zu erregen[60]. Nun lassen sich auf den zeichnerischen Darstellungen der Duck-Männer keine Geschlechtsteile identifizieren, es sei denn, man nimmt die Entenschwänze wörtlich, wie dies nach einer abwegigen Ansicht vertreten wird[61]. Als sicher muß jedenfalls gelten, daß die Ducks Geschlechtsteile haben, denn wie sonst sollen z.B. die drei kleinen Neffen entstanden sein. Eine detaillierte Darstellung dürfte an dem Wunsch gescheitert sein, einerseits dem amerikanisch-prüden Massengeschmack zu entsprechen, andererseits nicht in den Dunstkreis des Tatbestandes „Verbreitung pornographischer Schriften" (§ 184 StGB) zu gelangen[62].

Für den Betrachter sind die primären Geschlechtsteile zwar unsichtbar, weil aller Wahrscheinlichkeit nach notdürftig von Entenflaum bedeckt, doch – wie auch sonst bei Exhibitionisten – verhindert starke Schambehaarung, das Wegsehen oder die Kurzsichtigkeit des Betrachters bzw. der Betrachterin die Tatbestandserfüllung nicht[63].

Zweifelhafter ist da schon, ob die Enteriche sich auch mit sexueller Absicht entblößen. Letzte Erkenntnisse fehlen diesbezüglich.

Dagegen können wir zu einem weiteren Merkmal der „exhibitionistischen Handlung" etwas sagen: Durch die Handlung muß eine andere Person belästigt worden sein, wofür jede negative Gefühlsempfindung von einigem Gewicht ausreicht. An einer Belä-

---

60. *Schönke-Schröder/Lenckner*, StGB, § 183 Rn. 3.
61. *Grobian Gans*, Die Ducks, S. 24: Nach Ansicht des Autors hat Dagobert beim Sprung in sein Geld einen „erigierten Pürzel" und S. 81: „Mit freudig erigierten Pürzelchen ... geben (Tick, Trick und Track) sich den angenehmen Friktionen beim Rutschbahnfahren hin". Wohl bejahend dazu Fink, DER DONALDIST Nr.80, „Der Entenbürzel im Wandel der Zeiten", S.13.
62. Gleichwohl sollte wegen der versteckten Phantasien und der ungeheuerlichen Gewaltverherrlichung über eine Indizierung oder jedenfalls Kennzeichnung „Frei ab 18" nachgedacht werden.
63. *Moses*, Die psychischen Mechanismen des jugendlichen Exhibitionismus, in: Zeitschrift für Sexualwissenschaften Bd. 17, 106; Steinmetz, Der Exhibitionismus in Hamburg 1945 bis 1950, Diss. Hamburg 1951, 23.

30

stigung fehlt es, wenn die Reaktion des Betroffenen lediglich Mitleid mit dem Täter, Verwunderung oder gar Interesse oder Vergnügen ist oder aber die sexuelle Bedeutung gar nicht verstanden wurde[64]. So liegt es wohl bei der restlichen Bevölkerung Entenhausens, die, vollständig gekleidet, an dem Aufzug der Entenmänner nicht den geringsten Anstoß zu nehmen scheint. Ebenso reagiert die Leserschaft der Ducks generell nicht sexuell berührt, weshalb im Ergebnis der Tatbestand des § 183 nicht erfüllt ist.

Aus dem gleichen Grunde kann wohl auch § 183a StGB, der die Erregung eines öffentlichen Ärgernisses verbietet, nicht als erfüllt angesehen werden.

3. Betrug, § 263 StGB

Schon früh darauf konditioniert, in dieser Welt auf seinen Vorteil zu achten, hat Dagobert keine Hemmungen, verschiedentlich zu betrügerischem Vorgehen zu greifen. Betrüger ist laut § 263 StGB, wer in der Absicht, sich einen rechtswidrigen Vermögensvorteil zu verschaffen, das Vermögen eines anderen dadurch beschädigt, indem er durch Vorspiegelung falscher oder durch Entstellung oder Unterdrückung wahrer Tatsachen einen Irrtum erregt oder unterhält. Was eigentlich eine „falsche Tatsache" sein soll, wie sich die Erregung eines Irrtums vollzieht (kann auch eine irrtümliche Erregung sein!)[65], braucht hier nicht weiter zu interessieren, denn mit all den Umschreibungen ist nur eins gemeint: Der Betrüger muß das Opfer täuschen und so zu einer Hingabe eines vermögenswerten Gegenstandes veranlassen.

Im Täuschen ist Dagobert bekanntlich Meister. Zwei Beispiele seien dafür als Beleg genannt. Zunächst folgender Fall, der sich in Entenhausen zugetragen hat:

---

64. *Schönke-Schröder/Lenckner*, StGB, § 183 Rn. 4; BGH NJW 70, 1855.
65. Dazu *Dreher/Tröndle*, StGB, § 263 Rn. 18a: „Die Erregung des Irrtums geschieht durch das Hervorrufen seines Entstehens."

Verkleidet als obdachloser, kranker, armer, hilfsbedürftiger Mensch an einer Straßenecke, versucht der Gigamegamultimilliardär, mit seinem Zylinder vor ihm auf dem Boden, sein Vermögen noch um ein oder zwei Taler zu vermehren[66]. Sofern mitleidige Bürger auf diese offenkundige Täuschung hereinfallen und von ihrem Geld geben, sind sie damit doch offensichtlich geschädigt, betrogen worden, oder?

Einfach ist die Frage nicht zu beantworten. Hier streiten sich nämlich die Gelehrten seit Jahren und haben verschiedene Ideen dazu entwickelt, die in juristischer Selbstüberschätzung wie stets als Theorien gekennzeichnet werden. An einem Betrug im Sinne des Gesetzes könnte es fehlen, weil der mildtätige Spender ja freiwillig sein Geld weggibt und ganz genau weiß, daß er dafür keine Gegenleistung erhält. Getäuscht wird er nur über den sozialen Gehalt seiner Tat, wirtschaftlich gesehen ist es gleichgültig, ob der Bettler wirklich ein Bettler ist, das Geld ist weg, und zwar aufgrund einer bewußten Entscheidung des Spenders. Nach Ansicht einiger Kommentatoren greift in diesen Fällen der Betrugstatbestand nicht (Theorie des Regreßverbotes[67]). Die meisten Juristen und auch die Gerichte sehen das anders: Schließlich habe der edle Spender den

---

66. TGDD 3, 22 f.
67. Vertreten etwa von *Binding*, Strafrecht Allgemeiner Teil, Lehrbuch, 101.

32

beabsichtigten Zweck verfehlt (Theorie der Zweckverfehlung[68]). Es bestehe – so die Verfechter letzterer Auffassung – ein kriminalpolitisches Bedürfnis[69] für eine Bestrafung, denn es könne ja wohl nicht angehen, daß die Mildtätigkeit in infamer Weise ausgenutzt werde, ohne daß das Strafrecht eingreife. Genau. Und weil nicht sein kann, was nicht sein darf[70], ist natürlich auch der Bettelbetrug inkriminiert, so daß wir Dagobert also belangen können[71].

Ebenso läßt sich auch ein weiterer, ähnlich gelagerter Fall lösen: Dagobert spiegelt einen Schwächeanfall vor, bricht auf dem Schaukelstuhl seines Neffen zusammen und läßt sich gesund pflegen, bis seine schikanösen Forderungen nach Erdbeeren (im Frühjahr!), Froschschenkeln und ähnlichen luxuriösen Schmackhaftigkeiten alle Ersparnisse des ohnehin am Rande des Existenzminimums lebenden Donald aufgebraucht haben. [72] Ein Fall des Betruges ist damit anzunehmen, weil Dagobert über seinen Gesundheitszustand täuscht, Donald in die Irre führt und diesen zu einer vermögenswerten Nahrungs-Verfügung (Übergabe des Essens) an sich in Form des Inverzehrnehmens veranlaßt. Ergebnis: Geldstrafe oder Freiheitsstrafe bis zu fünf Jahren.

4. Wucher, § 302 StGB

Der Entenhausener Geschäftsmann Dagobert Duck könnte sich mehrfach des Wuchers strafbar gemacht haben. Folgende Beispiele mögen dies illustrieren:

---

68. Siehe dazu *Leipziger Kommentar/Lackner*, StGB, § 263 Rn. 164 ff.
69. *Schmoller*, Betrug bei bewußt unentgeltlichen Leistungen, JZ 1991, 118 m.w.N.
70. Unter den Gerichten verbreitete „Morgenstern"-Theorie, siehe *Gieschen/Meier*, Strafakte Faust, 56 ff.
71. Bei der Strafzumessung wird zu berücksichtigen sein, daß er Bedürftigen unbarmherzig gegenüber tritt. Als ein Bittsteller sich bei ihm anmeldet, zieht er sich hinterm Paravent eiligst um und sitzt dann zerlumpt hinterm Schreibtisch mit dem daneben befindlichen Standardwerk „Sonderbestimmungen zur Altersrente" (CBL 1 Dagobert, 53).
72. MM 79/15,9.

Panel 1: Du kannst gern bei mir arbeiten. Aber wenn du ein Ei zum Frühstück willst ... das Stück kostet eine Million.

Panel 2: Bald kamen auch andere Leute und baten um Essen. Onkel Dagobert gab gern, aber er ließ es sich teuer bezahlen ...

PREISLISTE
SCHINKEN 1 Pfd. 1000000000
— "— 2000000
KOHL
WOLLE — "— 4000000
BROT — "— 6000000
EIER pro Stück 1000000

Panel 3: So hatte er in kurzer Zeit sein ganzes Geld wieder, und alles war so wie bisher ...

Panel 4: Geld! Geld! Heißa, ich bin der reichste Mann der Welt!

Panel 5: Du behauptest immer, Geld sei nicht wichtig, dabei hortest du es noch und noch.
Das ist etwas anderes, Donald.

DD 24, 32 ff.: Er schloß mit seinem Neffen Donald einen Vertrag derart, daß dieser gegen ein Entgelt von Taler 5 den Rasen eines neu erworbenen Hauses mähen sollte. Dabei verschwieg er geflissentlich, daß der Rasen 10 Tagwerk groß ist.

DD 101, 3 ff.: Dagobert lieh seinem Neffen Donald 89 Kreuzer. Das Darlehen wuchs durch eine Verzinsung von 30% per Monat innerhalb kürzester Zeit auf einen Schuldenstand von 14 Taler und 73 Kreuzer. Bei gleichbleibender wöchentlicher Tilgungsleistung von 15 Kreuzern seitens des Neffen würde sich der Schuldenstand bis zu dessen Geburtstag auf 37 Taler und 92 Kreuzer addieren.

DD 115, 66/MM 79/9, 41: Dagobert zahlt der Königin der Sieben Meere für ein Faß voller Perlen 1000 laufende Meter Wimpern und 1 Kilo wasserfesten Lidschatten sowie für eine Wanne voller Opale 20 Liter roten Nagellack.

Diese eher zufällig herausgegriffenen Beispiele aus den Geschäftsgebaren des Fantastilliardärs legen den Verdacht gewerbsmäßigen Wuchers gemäß § 302a StGB nahe. Nach § 302a StGB

34

wird der gewerbsmäßige Wucher mit Freiheitsstrafe von sechs Monaten bis zu zehn Jahren bestraft. Der Tatbestand des Wuchers ist erfüllt, wenn (1.) die Zwangslage, die Unerfahrenheit, der Mangel an Urteilsvermögen oder die erhebliche Willensschwäche eines anderen (2.) ausgebeutet wird, wodurch es (3.) zu einem auffälligen Mißverhältnis von Leistung und Gegenleistung kommt.

Donald Duck als „ein anderer" im Sinne des Gesetzes könnte unter einem „Mangel an Urteilsvermögen" leiden. Früher wurden darunter insbesondere „Geisteskrankheit" und „Geistesschwäche" gefaßt[73]. Zwischenzeitlich wird das Tatbestandsmerkmal indes erweitert dahingehend ausgelegt, daß der „Mangel an Urteilsfähigkeit [...] auch die Unfähigkeit [umfaßt], die beiderseitigen Leistungen und die wirtschaftlichen Folgen des Geschäftsabschlusses richtig zu bewerten. Meist wird dieses Unvermögen die Folge von Verstandesschwäche sein"[74]. Wir haben es hier mit ständigen und stets wiederkehrenden Übervorteilungen des Neffen zu tun, die sich mit einzelnen Irrtümern nicht mehr erklären lassen, sondern auf eine tiefergehende Verstandesstörung hindeuten: Wer sich derart häufig und offenkundig „übers Ohr hauen" läßt, ist offenbar nur von geringem Verstand. Die Widerstandskraft gegenüber nachteiligen Geschäftsabschlüssen liegt deutlich unter der eines unter vergleichbaren Umständen am Geschäftsverkehr teilnehmenden Durchschnittserpels. Damit ist von einer erheblichen Willensschwäche des Donald Duck auszugehen.

Im Hinblick auf die im Beispiel benannte Königin der Sieben Meere dürfte das Tatbestandsmerkmal der Unerfahrenheit vorliegen. Hierunter ist der Mangel an Geschäftskenntnis und Lebenserfahrung im allgemeinen oder auf beschränkten Gebieten des menschlichen Wirkens zu verstehen[75]. Die unter Wasser lebende Person kennt die marktwirtschaftlichen Gepflogenheiten und die damit einhergehende Einschätzung von Geldwerten nicht. Sie

---

73. Vgl. *Leipziger Kommentar/Schäfer*, StGB, § 302a Rdnr. 25.
74. So bereits die Begründung in BT-Drs. 7/3441, S. 41, zum früher in Aussicht genommenen Wucher-Tatbestand in § 265 StGB-Entw. 1962.
75. RGSt 53, 50; 60, 222; BGHSt 11, 186.

kann sie aus eigener Erfahrung auch kaum kennen, da sie bereits aus biologischen Gründen zur Teilnahme am Geschäftsbetrieb kaum in der Lage sein wird: An Land kann die Nixe ohne Wasserzufuhr nicht verweilen und auch die Fortbewegung dürfte der fischähnlichen Gliedmaße wegen nur erschwert möglich sein. Es ist deshalb davon auszugehen, daß sie die kapitalistischen Denkweisen überhaupt nicht beherrscht. Zu ersehen ist dies übrigens schon aus den von ihr getätigten unvorteilhaften Geschäftsabschlüssen.

Dagobert müßte die erhebliche Willensschwäche Donalds bzw. die Unerfahrenheit der Meereskönigin ausgebeutet haben. Umstritten ist unter Juristen allerdings, ob Ausbeutung lediglich die Ausnutzung irgendeiner Schwächesituation meint[76] oder ob zusätzlich eine „gewisse parasitäre, qualifizierte und anstößige Form des Ausnutzens" vorliegen muß[77]. Es ist müßig, dieser Frage nachzugehen, da die besondere Anstößigkeit des Ausnutzens vorliegend außer Frage steht. Dagobert weiß um die psychischen Debilitäten seines Neffen genauso wie um die Weltfremdheit der liebenswerten Nixe. Wenn er Donald mit für diesen undurchdringlichen Verträgen traktiert und die im Wasser lebende Frau mit praktisch wertloser Kosmetika ködert, nutzt er ganz bewußt deren jeweilige Schwäche aus. Besonders anstößig ist dies schon deshalb, weil er im ersteren Falle nicht einmal auf die verwandschaftlichen Bindungen Rücksicht nimmt und im Falle der Königin der Sieben Meere ein ekelerregend chauvinistisches Gebaren an den Tag legt, wenn er meint, die Produkte der Kosmetikindustrie betörten Frauen mehr als die Reichtümer dieser Welt[78].

Schließlich ist auch nicht ernstlich zweifelhaft, daß sich in allen genannten Fällen ein auffälliges Mißverhältnis von Leistung und

---

76. So beispielsweise *Leipziger Kommentar/Schäfer* § 302a Rdnr. 28; Maurach/Schröder, Strafrecht BT, § 48 II C.
77. So *Dreher/Tröndle*, StGB, § 302a Rdnr. 15; *Schönke-Schröder/Stree*, StGB, § 302a Rdnr. 29; *Lackner*, StGB, § 302a Anm. 4.
78. Von der Schuld chauvinistischen Gebarens ist aber auch der Zeichner nicht freizusprechen.

36

Gegenleistung ergibt. Für das Rasenmähen zahlt er auf Basis eines Acht-Stunden-Tages gerade mal 6 1/4 Kreuzer/Stunde, während nach Entenhausener Maßstäben ein Lohn von 1 Taler 25 Kreuzer je Stunde angemessen wäre[79]. Mithin liegt der gezahlte Lohn um 95% unterhalb des Durchschnittslohnes. Dies ist ganz sicher nicht mehr hinnehmbar. – Auch im Fall der 30% Verzinsung je Monat ist zwanglos von einer Überteuerung auszugehen. Selbst in Hochzinsphasen wird ein jährlicher Durchschnittszins von 15% nicht überschritten. Nach allgemeiner Meinung ist ein effektiver Jahreszins zwischen 30 bis 40% im Regelfall nicht mehr hinnehmbar[80]. Vorliegend beträgt der Jahreszins bereits ohne Nebenkosten und Zinseszinsen 360% und steht mithin in einem deutlichen Mißverhältnis zur Leistung. Im dritten Fall erübrigen sich nähere Darlegungen: 20 Liter roter Nagellack können eine Wanne voller Opale nicht aufwiegen.

Da die Vorsätzlichkeit des Handelns des Geschäftserpels Dagobert Duck ebenfalls nicht zweifelhaft sein kann, stellt sich nur noch die Frage, ob er ein gewerbsmäßiger Wucherer ist und somit härter als der „einfache" Wucherer zu bestrafen wäre. Von Gewerbsmäßigkeit ist auszugehen, wenn das Handeln von dem Willen getragen wird, die Handlung zu wiederholen und sich selbst eine Einnahmequelle von gewisser Dauer zu verschaffen. Nach allem was wir von dem reichsten Erpel der Welt wissen, wiederholt er seine wucherischen und betrügerischen Geschäfte ständig und hat bislang auch keine Anstalten erkennen lassen, auf diese unseriösen Einkünfte zu verzichten. Seine Aussage „Wo immer man auf anständige Weise Geld verdienen kann, bin ich dabei!"[81] darf getrost als reine Schutzbehauptung zurückgewiesen werden. Dagobert handelt demnach gewerbsmäßig und ist damit des schweren Wuchers überführt.

---

79. So das obiter dictum des Amtsgerichts Entenhausen, TGDD 24, 44: „100 Taler wäre ein angemessener Preis".
80. Siehe nur OLG Frankfurt MDR 1978, 139; *Leipziger Kommentar/Schäfer* § 302a Rdnr. 39 m.w.N.
81. TGDD 107, 3.

5. Verteidigung der Geldspeicher

a) Verstöße gegen das Kriegswaffenkontrollgesetz (KWKG)

Zum Schutze seines Vermögens setzt Dagobert ein offenbar unerschöpfliches Waffenarsenal ein. Die Bandbreite reicht vom kleinen Revolver über altertümliche Kanonen bis zu technisch ausgefeilten Raketenanlagen. Gemäß § 22a Kriegswaffenkontrollgesetz (KWKG) macht sich jedoch strafbar, wer die tatsächliche Gewalt über Kriegswaffen ohne Genehmigung ausübt. Was als Kriegswaffe gilt, wird in einem Anhang zum Gesetz detailliert aufgelistet. Dagoberts Arsenal ist hier vielfach betroffen: Kanonen, Haubitzen, Mörser, gepanzerte Kampffahrzeuge, Minen, Bomben aller Art und so weiter. Daß Dagobert die Waffen nicht zur Kriegsführung im herkömmlichen Sinne, sondern nur im Hinblick auf seinen Dauerkampf gegen die Panzerknacker in Besitz hat, tut der Anwendbarkeit des Kriegswaffenkontrollgesetzes keinen Abbruch. Es genügt, daß die Geräte nach den Erkenntnissen der modernen Kriegsführung objektiv zur Kriegsführung bestimmt und geeignet sind[82], woran bei den meisten Exemplaren Dagoberts kein Zweifel besteht.

Die für den Besitz dieser Waffen erforderliche Genehmigung beim Bundesministerium für Wirtschaft hat Dagobert zu keiner Zeit eingeholt, er hat sich damit strafbar gemacht. Seine Waffen können gem. § 24 KWKG zugunsten des Bundes eingezogen werden.

b) Sprengstoffrecht, § 7 SprengstoffG, § 311 StGB, WaffenG

Ebenfalls strafbar macht sich Dagobert wegen Verstoßes gegen das Sprengstoffgesetz, wenn er im Rahmen der Panzerknackerabwehr explosives Material einsetzt[83]. Denn wer entgegen § 40 Abs.

---

82. *Potrykus/Steindorf*, Waffenrecht. Waffengesetz mit Durchführungsverordnungen und Kriegswaffenkontrollgesetz, 5. Aufl., 1982, § 1 KWKG B.I.
83. TGDD 112, 55.

1 i.V.m. § 7 Abs.1 Nr.1 SprengstoffG mit explosionsgefährlichen Stoffen umgeht, wird mit Freiheits- oder Geldstrafe bestraft. § 7 Abs.1 dieses Gesetzes schreibt vor, daß derjenige einer Erlaubnis bedarf, der gewerbsmäßig und selbständig im Rahmen einer wirtschaftlichen Unternehmung mit explosivem Material umgehen will. Daß Dagobert solches Material als selbständiger Unternehmer im Rahmen seiner Tätigkeit der Vermögenserhaltung gewerbsmäßig einsetzt, kann nicht ernsthaft bezweifelt werden. Eine Erlaubnis liegt nicht vor, so daß sich sein Strafregister entsprechend erweitert.

Zugleich ist § 311 StGB einschlägig, wonach die Herbeiführung einer Explosion unter Gefährdung der Integrität Dritter mit Freiheitsstrafe von mindestens einem Jahr bestraft wird.

Soweit Dagobert mit untergeordneteren Abwehrgeräten hantiert, ist das Waffengesetz einschlägig[84]. Ein Eingehen auf dessen zahllose Tatbestände würde hier zu weit führen. Festgehalten werden kann, daß eine Strafbarkeit des Dagobert schon wegen Verstoßes gegen das Kriegswaffenkontrollgesetz und das Sprengstoffgesetz gegeben ist.

c) Gefährliche Körperverletzung, § 223a StGB

Schließlich kommt natürlich eine Bestrafung Dagoberts in Betracht, weil er mit dem Einsatz all dieser Waffen Menschen verletzt oder zumindest gefährdet hat[85]. Einschlägig ist der Tatbestand der gefährlichen Körperverletzung nach § 223a StGB.

Dagobert bedient sich zur Sicherung seiner Geldspeicher einer Kanone, eines Riesenroboters, einer Pfefferbüchse und einer elektrischen Abwehranlage. Unter der manischen Angst des Fantastilliardärs bestohlen zu werden, mußte bereits ein Gutteil der

---

84. Einordnungsschwierigkeiten bestehen allerdings beim ebenfalls von Dagobert zur Bankräuberbekämpfung eingesetzten „Plumpssack", TGDD 44, 40
85. Der Tod wird den Comiclesern bislang nicht zugemutet, was auf die übliche Gewaltverharmlosung dieses Genres zurückzuführen sein dürfte.

39

Darum!

VORSICHT! TRETMINEN! LEBENSGEFAHR!

Nun müssen wir noch das Kennwort sagen, dann senkt sich die Zugbrücke für uns.

SCHWEFEL-SÄURE

„Wer den Pfennig nicht ehrt, ist des Talers nicht wert."

Er läßt sie 'runter.

Mann, da starrt ja alles nur so von Waffen!

Entenhausener Bevölkerung leiden. Die diversen Geschädigten erlitten durch Hiebe, Schläge und Stromstöße üble unangemessene Behandlungen, durch die ihr Wohlbefinden nicht nur unerheblich beeinträchtigt wurde. Eine Körperverletzung liegt damit nach gängiger Definition in allen Fällen tatbestandsmäßig vor.

Der reichste Enterich der Welt fühlt sich offenbar dennoch nicht im Unrecht, sondern scheint zu glauben, aus Notwehr zur Wahrung seiner Eigentums- und Vermögensinteressen zu handeln. Anhand des § 32 StGB läßt sich diese Auffassung überprüfen. Nach § 32 Abs. 1 StGB ist nicht strafbar, wer eine Tat begeht, die durch Notwehr geboten ist. Notwehr wird definiert als die Verteidigung, die erforderlich ist, um einen gegenwärtigen, rechtswidrigen Angriff von sich oder einem anderen abzuwehren[86]. Dagobert müßte sich also einem Angriff ausgesetzt sehen. Zur Klärung dieser Frage ist eine Differenzierung nach den jeweiligen mutmaßlichen Angreifern notwendig:

Besonders übel stößt Dagobert auf, daß ihn Donald beharrlich um kleinere und größere Geldbeträge angeht. Weil indes der chronische Schnorrer nicht vorhat, zu Mitteln der Gewalt zu greifen, liegt kein Angriff Donalds im Sinne des Strafgesetzbuches vor.

Was die Angriffe der mit Zauberkräften ausgestatteten Zeugin Gundel Gaukeley betrifft, besteht fraglos eine ernsthafte Gefährdung *für den ersten* Goldtaler des Angeklagten. Dieser handelt im jeweiligen Fall auch zur Abwehr des Angriffes. Jedoch ist die vom Angeklagten geübte Form der Notwehr unangemessen und damit nicht erforderlich, denn Gundel hat es stets nur auf den *einen* Taler abgesehen[87]. Lebensgefährliche Abwehrhandlungen zum Schutz von Sachgütern sind aber nicht angemessen, wenn sie in einem disproportionalen Verhältnis zum Schutzgegenstand stehen. Hierbei sind insbesondere auch die persönlichen Verhältnisse des Betroffenen von Bedeutung: der Verlust von DM 20 bei einem Millionär wird allgemein als hinnehmbar erachtet[88], so daß der eine Taler von dem angeklagten Fantastilliardär Dagobert Duck in jedem Falle hätte entbehrt werden können.

Eine solche Wertung steht im Einklang mit der höherinstanzlichen Rechtsprechung. Dort werden ähnlich intensive Verteidi-

---

86. *Sommerlad*, Über die Ausübung des Notwehrrechts durch Veranstaltung von Schutzwehrvorrichtungen, GerS 39 (1887), 359; *Kunz*, Die automatisierte Gegenwehr, GA 1984, 539.
87. Ab dem ersten Raubversuch scheint das das einzige Ziel Gundels zu sein und zu bleiben. Siehe TGDD 119, 50 ff.
88. *Schönke/Schröder*, § 32 Rdnr. 50.

41

gungshandlungen in vergleichbaren Fällen ebenfalls als unangemessen angesehen. Nach OLG Braunschweig[89] ist die Absicherung eines Pfirsichbaumes mit einer tödlich wirkenden elektrischen Anlage unzulässig; ebenso ist der tödliche Schuß auf den mit einer Sirupflasche im Wert von 10 Pfennig entfliehenden Dieb[90] oder die Verteidigung des Pfandrechts an einem Huhn durch Axthiebe auf den Kopf den Angreifers[91] nicht zu rechtfertigen.

Übrig bleiben die teils erfolgreichen, teils glücklosen Versuche der Panzerknacker AG. Insoweit dürften Dagoberts Abwehrmaßnahmen gerechtfertigt sein, da die Polizei und Justiz ihm keinen wirksamen Schutz bietet (wollen oder können) und die Versuche, mit hochtechnischem Gerät die Geldspeicher anzuzapfen, auch entsprechend erwidert werden dürfen.

Im Ergebnis ist Dagobert also nach § 223a StGB strafbar, soweit seine Selbstschutz- und -schußanlagen zur Abwehr (potentieller) Bittsteller, namentlich seines Neffen, behördlicher Vertreter der Stadt und des Finanzamtes sowie der Gundel Gaukeley eingesetzt werden.

---

89. MDR 1947, 205.
90. OLG Stuttgart DRiZ 1949, 42.
91. BayOBLG NJW 1954, 1377.

42

6. Ausbeutung familiärer Abhängigkeiten

Von erheblicher strafrechtlicher Brisanz ist das Verhältnis des schwerreichen Dagobert Duck zu seinem materiell und intellektuell verarmten Neffen Donald Duck[92]. Dies ist nicht von verwandtschaftlicher Wärme und Güte, sondern durch eiskalte Gewinnsucht geprägt. Immer wieder kommt es vor, daß Dagobert seinen Neffen – und oft noch dessen Neffen Tick, Trick und Track – unter verzerrender Darstellung der Wirklichkeit[93], offenbaren Täuschungen[94] oder vermittels einfacher Gewalt[95] ins Ausland verbringt[96], zu Arbeitsdiensten heranzieht[97] und in sonstiger Weise deren Einfältigkeit ausnutzt[98]. Es mag Menschen geben, die solche Dinge „lustig", „witzig" und „lesenswert" finden. Was hier unseren Kindern vorgelegt wird, ist bei nüchterner Betrachtung letztlich nur ein Konglomerat schwerster Straftaten, denen wir nicht duldend zusehen können. Zur Verdeutlichung dieser Aussage genügt der Blick auf wenige ausgewählte Straftatbestände:

a) Menschenraub, § 234 StGB

Nach § 234 StGB wird mit Freiheitsstrafe von mindestens einem Jahre bestraft, wer sich eines Menschen durch List, Drohung oder Gewalt bemächtigt, um ihn in hilfloser Lage auszusetzen oder in Sklaverei, Leibeigenschaft oder in auswärtige Kriegs- oder Schiffsdienste zu bringen.

---

92. Allerdings erweist er sich selten doch als tauglich: So bewährt sich Donald als Abbruchunternehmer, Naturheilpraktiker [MM 79, 32, 2], wurde 1979 Weltmeister im Golfspielen [MM 79/33, 8].
93. TGDD 39,49.
94. TGDD 36, 39. Dagobert : „Ihr fahrt natürlich Expreß. Hihi." Worauf er seinen Neffen Donald als Expreßgut verschickt, anstatt – wie dieser zunächst glaubte – ihn per Expreßzug zu befördern.
95. TGDD 93, 6.
96. MM 61/45, 38.
97. TGDD 21, 14.
98. Dagobert zwingt seinen Neffen im Himalayagebirge ein Einhorn für den Zoo zu jagen: „Das ist ein sehr gutes Geschäft für jemanden, der ein Niemand ist!" [DD 113, 46].

43

Erforderlich ist also ein Sichbemächtigen. Dafür muß die körperliche Herrschaft oder die tatsächliche Verfügungsgewalt über einen anderen bestehen, oder, weniger juristisch ausgedrückt, irgendwie muß man den anderen in seiner Gewalt haben. Hierfür genügt es, daß das Opfer nicht mehr in der Lage ist, seinen Aufenthalts- und Zielort frei zu wählen. Geschehen muß das ganze durch List, Drohung oder Gewalt.

In allen Facetten, die uns § 234a StGB bietet, arbeitet der senile Oheim. Dem Onkel gelingt es auf geradezu unglaubliche Weise immer wieder, seinen Neffen gegen dessen Willen zu entführen. Ihm sind dabei Täuschungen ebenso recht wie rohe körperliche Gewalt. Hier seien nur zwei Beispiele genannt: (1) Donald erhält einen Anruf, daß er mit Begleitung einen 14tägigen Urlaubsaufenthalt im Engelthal gewonnen habe. Tags darauf holt Dagobert ihn und die Neffen mit dem Helikopter ab, damit sie seine Champignonzucht in einer im Ausland gelegenen Grotte kontrollieren, die seit zwei Monaten keinen Umsatz mehr macht[99]. (2) Als Dagobert zur Eroberung eines neuentdeckten Mondes aus 24karätigem Gold für seine Rakete einen Piloten bracht, weigert sich Donald standhaft: „Ich möchte mit den Füßen [gemeint wohl Flossen] auf unserer guten alten Erde bleiben"[100]. Daraufhin läßt Dagobert ihn von zwei Arbeitern auf den Pilotensitz schleppen und mit einem Halseisen anketten. (Der Wunsch des Neffen nach Boden unter den Füßen bleibt allerdings nicht unerhört. Diesem wird eine Schachtel Erde unter die Schwimmhäute gestellt.)

Damit ist der objektive Tatbestand erfüllt. Auf der subjektiven Seite ist erforderlich, daß die Verschleppung vorsätzlich war, juristisch: daß das Bemächtigen mindestens billigend in Kauf genommen wurde. Dagobert weiß um die tatsächlichen Umstände und verführt und verschleppt seinen Neffen sehr bewußt. Er handelt also auch vorsätzlich.

Weiter ist die Absicht erforderlich, den anderen in einen der in

---

99.　TGDD 109, 59.
100.　TGDD 114, 50.

44

§ 234 StGB abschließend aufgelisteten Zustände zu versetzen. In Betracht kommt hier die Versetzung in Sklaverei und Leibeigenschaft. Beide Merkmale gehen davon aus, daß der betroffene Mensch in eine Lage versetzt wird, in der er nur noch wie frei verfügbares Eigentum behandelt wird, dessen man sich nach Belieben und Willkür bedienen kann[101]. An der Erfüllung dieses Tatbestandsmerkmales kann kein begründeter Zweifel bestehen. Dagobert verfährt mit seinem in jeder Hinsicht minderbemittelten Neffen wie mit seinem Eigentum, er benutzt ihn als willfährigen Handlanger in schwierigen und lebensgefährlichen Situationen; er hat noch nicht einmal Skrupel, ihn des schnöden Mammons wegen in aussichtslosen Situationen zurückzulassen[102]. Dagobert geriert sich als Verfügungsberechtigter über den unfreien, quasi willenlosen Enterich. Die wenigen uns bekannten Versuche aus dieser Zwangssituation auszubrechen und die Leibeigenschaft gegenüber seinem Oheim abzubrechen, sind ausnahmslos gescheitert. Selbst wenn Donald unerwartet größere Geldmengen erhält, verplempert er diese durch Protzsucht in kürzester Zeit[103].

Dagobert ist mithin nach § 234 StGB strafbar.

b) Mißhandlung Schutzbefohlener, § 223b StGB

Auch vor körperlichen Züchtigungen schreckt der Alte nicht zurück. Nachdem ihm beispielsweise Donald in Beratungsgesprächen mit den Staatsoberhäuptern Stein von Reichheim und Bettel von Stabburg Ratschläge gegeben hatte, die sich im nachhinein als

---

101. *Leipziger Kommentar/Vogler* § 234 Rdnr. 9 und 10; *Dreher-Tröndle* § 234 Rdnr. 5.
102. Als Gundel Gaukeley Donald in eine Ziege und seine Neffen in drei Schweine verwandelt hat, soll Dagobert für ihre Rückverwandlung seinen 1. Zehner herausgeben. Dagobert versucht – aus lauter Geiz –, sie von den Vorteilen des Schweinedasein zu überzeugen: „Ihr braucht Euch nicht den Hals zu waschen und auch nicht manierlich zu essen." (TGDD 120, 16).
103. Zum Beispiel: TGDD 113, 66.

45

ungünstig herausstellten, züchtigte er seinen Neffen dergestalt, daß dieser am Ende mehrere Knoten in den Beinen hatte[104].

(1) Körperverletzung, § 223 StGB

Selbst rechtlich unbedarfte Laien werden erkennen, daß wir es in diesem und ähnlichen weiteren Fällen mit Körperverletzungen im Sinne von § 223 StGB zu tun haben, denn wer „einen anderen körperlich mißhandelt oder an der Gesundheit beschädigt, wird mit Freiheitsstrafe bis zu drei Jahren oder mit Geldstrafe bestraft." Taterfolg ist die körperliche Mißhandlung, die als üble, unangemessene Behandlung, durch die das körperliche Wohlbefinden nicht nur unerheblich beeinträchtigt wird, definiert ist[105]. Bereits das Einschlagen auf einen anderen ist grundsätzlich übel und unangemessen und deshalb eine Verletzung des Körpers. Die mit den Verknotungen notwendigerweise verbundenen Beinfrakturen stellen darüber hinaus sogar eine Substanzverletzung dar, die ebenfalls als Körperverletzung zu werten ist. Da einfache Körperverletzungen – um solche handelt es sich hier – grundsätzlich nur auf Strafantrag verfolgt werden (§ 232 StGB), ein solcher aber nicht gestellt ist, können wir es bei den vorherigen Erwägungen bewenden lassen.

(2) Gefährliche Körperverletzung, § 223a StGB

Strafbar – auch ohne Antrag – ist dagegen die gefährliche Körperverletzung, die sich dadurch auszeichnet, daß die Beschädigung der Integrität „mittels einer Waffe, insbesondere eines Messers oder eines anderen gefährlichen Werkzeuges" begangen wurde. Die hier vorgelegte Untersuchung kann sich auf das von Dagobert Duck bevorzugte „Stockschlagen"[106] konzentrieren.

---

104. LTB Nr. 5, 135.
105. Beispielsweise: BGHSt 14, 269; BGH NJW 1977, 339.
106. Goofy 4/82, 25; MM 79/5, 25.

46

Ist der Ducksche Spazierstock eine Waffe im Sinne des Strafgesetzbuches? Die Rechtsprechung bestimmt Waffen sehr einzelfallbezogen. Danach sind Waffen solche Gegenstände, die geeignet sind, erhebliche körperliche Verletzungen hervorzurufen[107]. (Zu den examensrelevanten Fragen zählt hier übrigens: Ist ein heißer Herd eine Waffe? Worauf die richtige Antwort – wie immer bei Juristen – zunächst lautet: Kommt darauf an. Zur weiteren Ausführung antwortet der brillierende Kandidat dann: Nach der Rechtsprechung ist ein heißer Herd dann Waffe, wenn mit ihm geworfen wird oder er an das Opfer herangeführt wird. Keine Waffe ist ein Herd dagegen, wenn das Opfer zum heißen Herd gebracht wird[108].)

Zurück zum Fall. Sicher ist der Spazierstock eine Waffe nach § 223a StGB. Stöcke[109] zählen wie Mistgabeln[110], Weinschläuche[111], Teppichklopfer[112], Federhalter[113], Kleiderbügel[114] sogar zu

---

107. Seit BGHSt 3, 105, 109, ständige Rechtsprechung.
108. Im einzelnen RGSt 24, 372. Dies subtile Unterscheidung legte sodann auch der BGH in bezug auf Gebäudewände (!) zugrunde (BGHSt 22, 235).
109. RGSt 33, 32.
110. RGSt 59, 389.
111. BGHSt 3, 105.
112. RG DR 1943, 754.

47

den eher klassischen Waffen. Weniger klassisch: Auch ein Damenstrumpf ist Waffe – aber nicht stets. Das Schlagen mit einem Damenstrumpf wird allenfalls eine einfache Körperverletzung sein, wird er indes zum Würgen eingesetzt, wandelt er sich zur Waffe[115].

Das Stockschlagen Dagoberts jedenfalls ist nach § 223a StGB mit bis zu fünf Jahren Justizvollzugsanstalt zu bestrafen.

(3) Mißhandlung Schutzbefohlener, § 223b StGB

Von Rechts wegen interessant ist aber noch ein anderes Problem, das Dagobert selbst aufwirft: Dagobert sieht sich eines weiteren Tatbestandes schuldig. „Ja, wegen Mißhandlung naher Anverwandter! Das ist verboten! Ich kenn' mich da aus."[116] Trotz der vorgespiegelten Kenntnis gibt es einen solchen Tatbestand im deutschen Recht nicht, wohl aber den der „Mißhandlung von Schutzbefohlenen" in § 223b StGB: „Wer Personen unter achtzehn Jahren oder wegen (..) Krankheit Wehrlose, die seiner Fürsorge oder Obhut unterstehen oder seinen Hausstand angehören oder die von dem Fürsorgepflichtigen seiner Gewalt überlassen worden oder durch ein Dienst- oder Arbeitsverhältnis von ihm abhängig sind, quält oder roh mißhandelt (...) wird mit Freiheitsstrafe von drei Monaten bis zu fünf Jahren bestraft."

Grob müssen für eine Bestrafung drei Voraussetzungen erfüllt sein: Es muß sich erstens um einen Minderjährigen oder aufgrund von Gebrechlichkeit oder Krankheit Wehrlosen handeln, der zweitens in einem besonderen Schutzverhältnis zum Täter steht und drittens von diesem mißhandelt wurde.

Unter achtzehn Jahre ist Donald nicht; er feiert gerade seinen

---

113. Aber nur bei Einstechen mit der Federseite auf das Gesicht: *Leipziger Kommentar/Hirsch*, StGB, § 223a Rdnr. 10 mit Verweis auf den Schweizer Bundesgerichtshof (BGE 101 IV 285).
114. BGH 2 StR 572/74 bei Dallinger MDR 1975, 367.
115. *Schröder*, JZ 1967, 524; *Leipziger Kommentar/Hirsch*, StGB, § 223a Rdnr. 10 m.w.N.
116. LTB Nr. 5, 137.

48

60. Geburtstag[117]. Er könnte aber ein wegen Krankheit Wehrloser sein. An der Erfüllung beider Merkmale – an der Krankheit wie an der Wehrlosigkeit – bestehen Zweifel. In den Kategorien gängiger Gesellschafts- und Sozialanschauungen ist Donald ein faschistoider Kleinbürger[118], der seine Minderwertigkeitsgefühle durch übersteigerte Machtgelüste und Wohlstandsneid zu kompensieren sucht. Ist er deshalb bereits geistig krank? Das wäre doch etwas weit gegriffen – wenngleich sich Donald sicher an der Grenze zum Pathologischen befindet. Letztlich kann eine abschließende Prüfung der Geisteskräfte offen bleiben, denn wehrlos im Sinne von § 223b StGB ist Donald nicht. Wehrlos ist nämlich nur, wer nicht imstande ist, sich gegen eine Mißhandlung überhaupt oder in entsprechender Weise zu wehren[119]. Im Grunde handelt es sich bei Donald zwar um ein Lebewesen schwächlich-leptosomer Statur; gleichwohl wäre er mindestens physisch in der Lage zurückzuschlagen. Dies zumal sein Onkel einen zähen, aber keinesfalls athletischen Eindruck hinterläßt.

Damit ist Dagobert wegen des Traktierens seines Neffens nicht aufgrund Mißhandlung Schutzbefohlener nach § 223b StGB strafbar.

(4) Versuchte Mißhandlung Schutzbefohlener, §§ 223b, 23 StGB

Jetzt aber erst beginnen die juristischen Finessen! Dagobert könnte bereits deshalb strafbar sein, weil er sich vorstellt, strafbar zu sein. Das mag absurd klingen – ist es aber nicht. Denn hier käme der Versuch einer Mißhandlung Schutzbefohlener in Betracht (§§ 223b, 23 StGB). Strafbar ist nach herrschender Meinung nämlich auch der sogenannte untaugliche Versuch[120]. Abzugrenzen ist dieser vom grundsätzlich straflosen Wahndelikt. Glaubt

---

117. Geboren am 13. März 1934. Vgl. hierzu die Beiträge in MM-Spezial Nr. 11 „60 Jahre Donald".
118. So überzeugend *Grobian Gans*, Die Ducks, 51 ff. m.w.N.
119. *Leipziger Kommentar/Hirsch*, StGB, § 223b StGB Rdnr. 4.
120. *Lackner*, StGB, § 22 Anm. 2c.

49

der Täter ein Delikt zu verletzen, das es in Wahrheit nicht gibt, handelt es sich um ein Wahndelikt. Irrt er hingegen über die Auslegung eines normativen Tatumstandes eines tatsächlich existierenden Deliktes, begeht er eine grundsätzlich mögliche Straftat, die nur konkret nicht zu bejahen ist. Wie man sieht: die Abgrenzung ist schwierig.

Beispiele aus der Alltagspraxis der Juristen sind für einen strafbaren untauglichen Versuch: Das Schießen auf einen bereits Toten[121], die Annahme eines Beischläfers, ein 14jähriges Mädchen sei jünger[122], und die Herstellung eines „Nichtgeldstückes" (!) in der Annahme, es sei eine Münze[123].

Wahndelikte sind hingegen seltener anzutreffen. Standardfall ist hier die Entscheidung des Reichsgericht von[124]. Margarete B. wollte etwa im Jahre 1900 ihren Gatten Konrad B. umbringen. Hierfür warb sie zwei Frauen an, die ihren Mann „mit Hülfe des Teufels oder von Sympathiemitteln" töten sollten. Das Reichsgerichts lehnte eine Bestrafung der etwas einfältigen Frau ab, da die Anrufung von Gott oder Teufel zur Ausführung eines Verbrechens von grobem Unverstand zeuge, der eine Verbrechensverwirklichung auf diesem Wege ausgeschlossen erscheinen lasse. (Bemerkenswerterweise verurteilte das Reichsgerichts die beiden angeworbenen „Hexen" wegen Betruges zum Nachteil der Margarete B., da sie diese über ihre Kunstfertigkeiten getäuscht hätten.)

Ein sehr lehrreicher Fall wird uns auch in dem Lehrbuch „Verbrechenslehre" von Graf zu Dohnas[125] mitgeteilt: Stößt jemand „mit dem Fuße in der Meinung auf, er könne dadurch einen Antipoden in die Luft sprengen", sei dies im aufgeklärten Deutschland des 20. Jahrhunderts nicht strafbar. Dem wird nur vereinzelt widersprochen[126]. Nach Jescheck – einem der bekannteren deut-

---

121. RGSt 1, 451.
122. RGSt 39, 316. Jetzt § 176 StGB: Sexueller Mißbrauch von Kindern.
123. RGSt 16, 111 f.
124. RGSt 33, 321
125. *Graf zu Dohnas*, Verbrechenslehre, 117.

50

schen Strafrechtslehrer – wäre der Versuch des Tötens durch Zaubermittel in Afrika anders zu beurteilen, da solche Versuche dort die „ländliche Bevölkerung aufs tiefste beunruhigten"[127].

Wie steht es also hier? Wahndelikt oder untauglicher Versuch? Das von Dagobert vorgestellte Delikt gibt es durchaus; zwar nicht als Mißhandlung naher Anverwandter, sondern als solche von Schutzbefohlenen. Hierbei dürfte es sich um eine bloß terminologische Undifferenziertheit des juristischen Laien handeln. Der Fantastilliardär glaubt irrig in Donald einen Wehrlosen vor sich zu haben. Wäre dies der Fall, dann hätte er auch den Tatbestand des § 223b StGB verwirklicht. Die von ihm begangenen Mißhandlungen konnten damit nicht konkret nach § 223b StGB strafbar gewesen sein – sie hätten es aber prinzipiell sein können. Mithin begann er einen untauglichen Versuch zur Mißhandlung Schutzbefohlener, wegen dessen er bestraft werden könnte.

Bleibt eine Hürde: Der Versuch ist gemäß § 23 Abs. 1 StGB nur strafbar, wenn es sich bei der Mißhandlung Schutzbefohlener um ein Verbrechen handelt oder – bei Vergehen – die Strafbarkeit ausdrücklich gesetzlich bestimmt ist. Verbrechen sind in Ansehung des § 12 Abs.1 StGB nur solche Straftaten, die mit einer Mindestfreiheitsstrafe von einem Jahr bedroht sind. Hier handelt es sich – da die Mindestfreiheitsstrafe nur drei Monate beträgt – rechtlich gesprochen lediglich um ein Vergehen. Die Versuchsstrafbarkeit ist nicht ausdrücklich bestimmt. Im Ergebnis kommen wir letztlich dazu, daß Dagobert einer versuchten Mißhandlung Schutzbefohlener nicht strafbar ist.

(5) Schmerzensgeld, § 847 BGB

Dagobert wird dies nur bedingt beruhigen. Fürchtet er doch weniger die ihm wohlvertrauten Freiheitsstrafen und deren Absitzung in der Justizvollzugsanstalt, als die finanziellen Ansprüche,

---

126. Siehe *Baumann/Weber*, Allgemeiner Teil des StGB, Rdnr. 499.
127. *Jescheck*, Allgemeiner Teil des StGB, S. 480 Fußn. 12 mit Verweis auf *Seidemann*, Modern Law Review 28 (1965), 46 ff.

51

welche auf ihn zukommen könnten: „Erst wird man erpreßt bis auf den letzten Heller und dann zack! kommen sie einem noch mit dem Anwalt!"[128]. Auch im Hinblick auf etwaige Schadenersatzansprüche seines Neffen werden wir ihn weitestgehend beruhigen können. Den letzten Heller wird er nicht verlieren. Die zugunsten Donalds bestehenden Schmerzensgeldansprüche wegen mehrfacher Beinfrakturen dürften um DM 10000,— liegen oder in Entenhausener Währung etwa 200000 Taler[129].

7. Kartellstrafrechtliche Aspekte
des Imperiums DD

Unser geschätzter Sozialpsychologe Grobian Gans hat in seiner klassischen Studie „Die Ducks" den Versuch unternommen, die Konzernstrukturen des Dagobert-Duck-Trustes zu erhellen[130]. Dieser Versuch kann getrost als gescheitert angesehen werden, da nur ein Bruchteil der Duckschen Unternehmungen erkannt wurde. Dagobert selbst räumt freimütig ein: „Es gibt keinen Wirtschaftszweig, in dem ich nicht die Finger drin hätte."[131] Exemplarisch zählt er hierzu auf: Eisenbahnwerke, Automobilwerke, Zementwerke, Walzwerke, Bergwerke und Gießereien, Webereien, Meiereien, Spinnereien, Färbereien sowie Bankhäuser, Kaufhäuser, Schauspielhäuser, Mietshäuser und gewöhnliche Häu-

---

128. LTB Nr. 5, 137.
129. Gerichtlich festgesetzt ist der Rasermäherstundendurchschnittslohn mit 1 Taler 25 Kreuzer (TGDD 24, 44). In der Bundesrepublik dürfte der Durschnittslohn um DM 25,— je Stunde liegen, so daß sich ein Umrechnungsfaktor von 1 : 20 ergibt. Anderer Auffassung ist aber *Grobian Gans*, Die Ducks, der den Umrechnungsfaktor auf 1,83 : 1 festlegen will (S. 26, Fußn. 18), weil eine Limonade in Entenhausen 30 Kreuzer, in Berlin hingegen 55 Pfennige betrage. Das dies falsch sein muß, erkennt man bereits daran, daß nach unseren Erkenntnissen in Berlin eine Limo nicht unter DM 2,— zu bekommen ist.
130. Grobian Gans, Die Ducks, 28 f.
131. TGDD 107, 5.

52

ser[132]. Hinzukommen diverse Kraftwerke, Ölquellen, Brotfabriken und Plantagen[133] und so weiter und so fort. Nähere Aufschlüsselungen der „Duckschen Unternehmen – Gesamtüberblick" lassen sich den Folianten in Dagoberts Büro entnehmen[134].

Volkswirtschaftlich führt die Kapitalkonzentration zu unerwünschten Ergebnissen. Der Tausch von ca. 3 Kubikhektar Münzen in Scheine, die auch dann noch 13 Lastwagen füllen, dauert drei Tage[135]. Die Entenhausener Stadtbank nimmt nicht einmal mehr zwei kleine Hände voll Münzen an, da Dagoberts „herumstromernde Taler" das Weltwährungssystem durcheinander bringen[136]. Weil der Geldspeicher eines Tages völlig überfüllt ist und weil „alle Banken im ganzen Land schon vollgestopft sind mit meinem Geld. Sie nehmen nichts mehr von mir"[137], muß Donald das Geld säckeweise ausgeben. Nach Rückkehr von seiner Reise ist aber alles Geld wieder bei Dagobert, weil ihm alle Industrien gehören!

Von Staatsseite wird dagegen nur punktuell und zeitlich begrenzt eingegriffen: ihm werden beispielsweise zeitweilig neue Investitionen in Entenhausen untersagt[138]. Es ist allerdings fraglich, ob das Imperium nicht viel empfindlicher getroffen werden könnte.

Gleichwohl volkswirtschaftlich nicht wünschenswert, ist eine Konzentration von Wirtschaftsmacht dieserart nicht ohne weiteres strafbar. Das Gesetz gegen Wettbewerbsbeschränkungen (GWB oder auch Kartellgesetz) selbst enthält keine Strafbestimmungen. Danach können lediglich Bußgelder für diverse Ordnungswidrigkeiten ausgesprochen werden[139]. Im übrigen kann das Bundeskartellamt nach §§ 24 ff. GWB eingreifen, wenn durch

---

132. TGDD 107, 3.
133. LTB 20, 120.
134. TGDD 96, 14.
135. TGDD 2,52.
136. TGDD 96,8.
137. O-Ton Dagobert in Goofy 82/4.
138. LTB 33, 160.
139. Siehe nur den ellenlangen Katalog des § 38 GWB.

den Zusammenschluß von Unternehmen eine marktbeherrschende Stellung erzeugt wird, die unterm Strich mehr volkswirtschaftliche Nach- als Vorteile zeitigt. Von weit überwiegenden Nachteilen wäre bei der hier vorliegenden, seinesgleichen suchenden Machtkonzentration nahezu sicher auszugehen. Diese Aspekte müssen hier aber nicht ausgeführt werden, da insgesamt mit der Klärung höchst komplexe Fragestellungen verbunden sind, die nicht am Rande dieser strafrechtlich orientierten Untersuchung erledigt werden können und sollen[140].

Wendet man den Blick auf Einzelfälle, stellen sich aber im eng kartellrechtlichen Zusammenhang auch weniger komplexe Probleme der Strafbarkeit. Exemplarisch soll folgender Fall zugrunde gelegt werden: Als der ehrbare Kaufmann Albrecht Albert es wagte, vor dem Geldspeicher des alten Duck seine Äpfel zu ver-

---

140. Allein die Normlänge kartellrechtlicher Vorschriften läßt selbst hartgesottene Juristen verzweifeln.

äußern, machte sich dieser sofort daran, diesen vom Markt zu verdrängen[141]. Zunächst unterbot er dessen Preis je Apfel von 50 Kreuzern, indem er auf einem direkt neben Apfel-Albrecht gelagerten Stand als „Extra Einführungspreis" nur 20 Kreuzer verlangen ließ[142]. Da dies nicht fruchtete, diente er ihm ein Angestelltendasein in seinem Unternehmen an – was der Händler ebenfalls ablehnte, weshalb Dagobert sodann unverhohlen drohte: „Hören Sie auf meinen Rat! Lassen Sie die Finger von den Äpfeln! Sie werden noch krank davon!"[143] Als Albrecht Albert auch hierauf nicht einging, beschoß Dagobert den Stand samt Inhaber mit einem Kanonengeschütz.

Diese Verhaltensweisen finden selbstverständlich nicht unsere Billigung und auch nicht die des Kartellrechts. Mit dem rüden, auf Vernichtung des anderen zielenden Verdrängungswettbewerb, durch massive Preisunterbietungen sowie durch direkte Drohungen und Inbeschußnahme, verstößt Dagobert Duck unter anderem gegen § 26 Absatz 2 Satz 1, 1. Alternative der 1., Alternative GWB. Wir können demnach sein Verhalten nicht bestrafen, aber immerhin unterbinden und mit einer Geldbuße ahnden.

Blicken wir vom Kartellrecht zurück ins vertrautere Strafrecht, wird deutlich, daß sich dort Dagoberts Schandtaten wiederfinden. Augenfällig wäre er nur aufgrund dieses einen Geschehens wegen versuchten Totschlags (§§ 212, 23 StGB), versuchten Mordes (§§ 211, 23 StGB: Habgier!), Sachbeschädigung (§ 303 StGB) und Verstößen gegen das Kriegswaffenkontrollgesetz zu verurteilen. Normalerweise würden wir ihm nur für diese eine Tat lockere 15 Jahre JVA in Aussicht stellen.

Dagobert ist allerdings wegen des Anschlages bereits abgeurteilt, und zwar zu einer Strafe von sage und schreibe 4 Tagen Ge-

---

141. LTB 20, 117 ff.
142. Durch den auf Vernichtung zielenden Verdrängungswettbewerb verstieß er übrigens gegen das Behinderungsverbot des § 26 Abs. 2 Satz 1, 1. Alternative der 1. Alternative GWB („unmittelbare unbillige Behinderung").
143. LTB 20, 129.

55

fängnis! Es nimmt nun wirklich nicht mehr wunder, wenn weltweit von wachsender Schwerstkriminalität Minderjähriger und junger Heranwachsender berichtet wird: Wie soll sich ein Gefühl der weit überwiegend jugendlicher Leser/innen für Unrecht entwickeln, wenn selbst schwerste und unbelehrbare Verbrecher wegen schwerster Delikte zu einer wenige Tage dauernden Freiheitsstrafe verurteilt werden?[144].

Leider können auch wir Onkel Dagobert nicht mehr belangen. Denn Art. 103 Abs. 3 Grundgesetz lautet: „Niemand darf wegen derselben Tat auf Grund der allgemeinen Strafgesetze mehrmals bestraft werden."

8. Nebenstrafen und Maßnahmen

Zuletzt ist auf die weniger bekannten, praktisch aber durchaus unangenehmen Folgen einer Straftat zu kommen. Nicht nur mit Geld- und Freiheitsstrafe kann Dagobert zur Sühne gezwungen werden, sondern möglicherweise auch durch die Einziehung seines Vermögens.

„Ist eine rechtswidrige Tat begangen worden und hat der Täter (...) aus ihr etwas erlangt, so ordnet das Gericht dessen Verfall an." (§ 73 StGB) Eigentum an dem verfallenen Gegenstand gewinnt sodann der Staat (§ 73e StGB).

Die Voraussetzungen des § 73 StGB könnten vorliegen. Bereits mit dem hier nachgewiesenen Bruchteil aller von Dagobert begangenen Straftaten lassen sich erhebliche Vermögenszuwächse des alten Herrn begründen, über die der Verfall unproblematisch erklärt werden könnte. Die etwas kühne Frage, der wir uns nachfolgend kurz zuwenden wollen, ist, ob nicht das gesamte Vermögen Dagoberts verfallen muß. Nach § 73 StGB müßte der un-

---

144. Der reine Hohn ist, daß Dagobert selbst diese Strafe noch als überzogen ansah: „Ich bin das Opfer einer Intrige! Den Neidern paßt es nicht, daß ich so reich bin!" (LTB 20, 133).

rechtmäßige Erwerb des Vermögens stets konkret nachgewiesen werden. Dieses zunächst schier undenkbare Unterfangen könnte wegen der relativ genauen Dokumentation einzelner Schandtaten aber gelingen. Zu bedenken ist dabei, daß sich gemäß § 73 Abs. 2 StGB der Verfall auf die Nutzungen erstreckt, also auch Zinsen und Zinseszinsen erfaßt. Es wird also für einen Gutteil des Vermögens schon reichen, zu beweisen, daß Dagobert die erste Milliarde unrechtmäßig erwarb[145].

Ein schärferes Schwert hat uns der Gesetzgeber im Rahmen seines Gesetzes zur Bekämpfung der organisierten Kriminalität (endlich mal eine phonetisch gelungene Abkürzung: „OrgKG") gebracht. Durch die mit dem OrgKG verfassungsrechtlich und rechtsstaatlich bedenklichen Veränderungen bestimmt nun § 73d StGB, daß Vermögen eingezogen werden kann , soweit mit einer gewissen Wahrscheinlichkeit vermutet werden kann, daß das Vermögen kriminell erworben wurde.

Nicht jeder Kleinkriminelle muß allerdings fürchten, daß nun sein letzter Groschen eingezogen wird. § 73d StGB ist nur in bestimmten Fällen anwendbar, etwa bei der gewerbsmäßigen Zuhälterei und beim Dealen mit Drogen.

Dagobert hat Straftaten begangen, die § 73d StGB für anwendbar erklären. So können wir ihn exemplarisch der gewerbsmäßigen Herstellung von Falschgeld nach §§ 146, 150 StGB überführen, indem er eine Geldscheinzucht an Bäumen begann, um sein Vermögen auf diese Weise zu mehren. Des weiteren ist er kurzerhand dem gewerbsmäßigen unerlaubten Glücksspiel überführbar.

Betrachtet man die gesamte Vita des Alten, kann man nur zu der trostlosen Feststellung kommen, daß dieser von Habgier und Geiz geprägte Mann den allergrößten Teil seines Geldes auf unrechtmäßige Weise erlangt haben muß. Konsequenterweise wird damit sein gesamtes Vermögen einzuziehen sein. Davon ausge-

---

145. Hierzu LTB 5, 25 ff. Dies verdiente er durch (ungenehmigtes) Schürfen in einer Goldmine und durch Diebstahl (!) von Kohlen des Tucsonexpresses.

nommen werden kann allein sein erster Zehner, dessen Erwerb zwar rechtlich nicht unproblematisch ist[146], der bei Einziehung aber wohl Dagobert das Entenherz[147] brechen würde, so daß § 73c StGB eingreift. § 73c StGB bestimmt, daß Verfall insoweit nicht eintritt, als es für den Betroffenen eine unzumutbare Härte bedeuten würde.

Bleibt nur noch das Vermögen zu beziffern. Die letzte authentische Zählung ergab dabei ein Vermögen von fünf Fantastilliarden und drei Gigantillionen Talern und acht Kreuzern[148]. Hierauf wird man sich wohl verlassen müssen, obwohl die früheren Vermögensangaben mal deutlich niedriger und mal deutlich höher waren. (Beeindruckend hoch etwa die frühere, von Dagobert selbst vorgenommene Schätzung des Vermögens auf 50 000 000 000 000 000 000 000 000 000 000 000 000 000 000 Taler (in Worten: fünfzig Septilliarden)[149]. Diese Angabe scheint aber eher überzogen. Das Stunden(!)einkommen wurde hingegen gerichtlich glaubhaft auf 22 397 480 Taler festgestellt[150]).

---

146. Dieser Taler soll aus einer frühen Schuhputzerkarriere stammen (MM 93/34,5). Offenbar fehlte Dagobert aber die für öffentliche Schuhputzer nach § 55 Abs. 1 Nr. 1, Abs. 2 Gewerbeordnung erforderliche Reisegewerbekarte, weshalb er nach § 145 Abs. 1 Nr. 1 Gewerbeordnung ordnungswidrig gehandelt hat und nach § 148 Gewerbeordnung sogar strafbar sein könnte.
147. Besonders delikat offenbar „Entenherz andalusisch", siehe *Herrmann*, Das große Geflügelkochbuch, 1982, 45.
148. MM-Spezial „60 Jahre Donald" Nr. 11/1994, 71.
149. TGDD 91, 5.
150. MM 65/41, 36.

58

IV.
Donald Duck

1. Betrug, § 263 StGB

Es gibt einen weiteren Vertreter der Familie Duck, der immer wieder versucht, durch Betrügereien zum Ziel zu kommen, letztlich aber wohl jeweils an seinen begrenzten geistigen Fähigkeiten und seiner glücklosen Aura scheitert – Donald Duck.

Strafrechtlich noch harmlos sind seine Versuche, die Neffen beim Schwimmwettkampf zu beschummeln[151] oder seinen Rivalen Gustav Gans zu leimen[152]. Kriminell wird es aber dann, wenn er auf Pump einkaufen geht, obwohl er weiß, daß er notorisch pleite ist und seine Schulden nicht bezahlen kann. Auch ein solches Vorgehen ist Betrug im Sinne des § 263 StGB – und zwar liegt die Täuschungshandlung in der Vorspiegelung der inneren Tatsache „Zahlungswille" und der äußeren Tatsache „zukünftige Zahlungsfähigkeit"[153]. Die bloße Hoffnung Donalds, zukünftig zahlen zu können, reicht nicht aus, um eine Täuschungshandlung verneinen zu können[154].

---

151. CBL 8, 50.
152. MM 55/5,7.
153. Schönke-Schröder/Cramer, StGB, § 263 Rdnr. 25 ff.
154. Vgl. BGH JZ 52, 282.

59

Der Verkäufer irrt sich (so denn Donalds finanzielle Verhältnisse nicht stadtbekannt sind) und verkauft an ihn, ohne eine Gegenleistung zu erhalten – und schon ist der Vermögensschaden in Form einer nicht durchsetzbaren Kaufpreisforderung eingetreten, der Betrug vollkommen.

Donald ist also wegen unablässigen Betruges nach § 263 StGB zu bestrafen.

2. Straftaten gegenüber Schutzbefohlenen

a) Mißbrauch des Erziehungsrecht

Seit dem Jahre 1938 stehen die drei Neffen Tick, Trick und Track unter der Fuchtel ihres Onkels Donald. Die armen Kinder werden Donald von einer ominösen Person namens „Ente" geschickt, die Donald brieflich bittet, die Jungen aufzunehmen, weil der Vater im Krankenhaus sei, und werden schlicht nicht wieder abgeholt[155]. Uns verwundert die Selbstverständlichkeit, mit der Donald dieser Bitte Folge leistet. Glaubte er vielleicht, daß er die kleinen Quälgeister nur vorübergehend beherbergen müsse?

---

155.   „Ich, Donald Duck", Bd. 2, S. 6.

60

Warum kehrten die Entlein nicht zur Mutter zurück, wenn es sich denn um Frau „Ente" handelt? Gesundete der Vater, sind ihm die Kinder womöglich gegen seinen Willen entzogen worden? Ist Donald etwa der (nichteheliche) Vater der Kleinen? Ist Daisy Duck etwa „Ente", die Mutter?

In der epochalen Abhandlung „Ist Daisy noch Jungfrau?" versucht ein namentlich leider nicht benannter Autor, Licht ins Dunkel dieser Fragen zu bringen[156]. N.N. kommt zu dem überzeugenden, wenn auch wenig befriedigenden Schluß, daß sich diese Fragen nicht mehr wirklich aufklären lassen. Dem haben wir wenig hinzuzufügen: Donald als Angeklagter darf schweigen, die Neffen sind noch nicht zeugnisfähig. In dubio pro donaldo müssen wir annehmen, daß Frau „Ente" die Neffen aus triftigen Gründen und berechtigterweise in die Obhut Donalds gab. Weiter ist davon auszugehen, daß Donald ein „echter" Onkel, also der Bruder eines Elternteiles ist.

Trotz seiner finanziellen Dauerkrise fühlt sich Donald emotional verantwortlich für die kleinen Enten[157]. Das hindert ihn jedoch nicht daran, diese auf seine zahlreichen Reisen in die übelsten Krisengebiete der Erde mitzunehmen[158] oder die physische Belastbarkeit der Jungerpel unter extremsten klimatischen Bedingungen zu erproben[159]. Woher nimmt Donald eigentlich das Recht, seine Neffen ständigen Repressalien auszusetzen? Wie selbstverständlich werden die zarten Kinder[160] dazu verdonnert, mit dreiwöchigem Kirschenpflücken zum gemeinsamen Lebens-

---

156. Donaldist 80, 16. Siehe noch *Hentig*, Blutschandefälle Mutter-Sohn, MschrKrim 1962, 15; *Maisch*, Der Inzest und seine psychodynamische Entwicklung, Beitr. z. Sexualforschung, Bd. 33 (1965), 51.

157. Die Problematik eskaliert jedes Jahr zu Weihnachten, wenn es Donald an den finanziellen Mitteln zur Erfüllung der bescheidenen Wünsche seiner Neffen mangelt, siehe z.B. „Donald und der Schaufelbagger" in „Ich, DD Bd.2".

158. Vgl. hierzu die Serie „Abenteuer aus Onkel Dagoberts Schatztruhe", ab 1983.

159. Die Kinder werden nach Labrador, in den Weltraum, in die Arktis verschleppt, ohne daß dies Donald kümmert.

160. Zur Minderjährigkeit der Jungerpel siehe unter IV.1.

unterhalt beizutragen[161]. Auch die Spardose der fleißigen Neffen ist Donald keineswegs heilig; seine Versuche, sich des Ersparten der Neffen zu bemächtigen, sind geradezu legendär[162].

Zwar sitzen die Neffen den unbeliebten Wochenabwasch[163] noch auf einem Pürzel ab, doch in seinem ungebändigten Despotismus könnte sich Donald der Nötigung (§ 240 StGB) und des schweren Diebstahls (§§ 242, 243 StGB) schuldig gemacht haben.

b) Nötigung, § 240 StGB

Donald könnte sich nach § 240 StGB wegen Nötigung strafbar gemacht haben, indem er seine Neffen zu dreiwöchigem Kirschenpflücken und einwöchigem Geschirrabwaschen gezwungen hat.

---

161. MM 58/25, 11.
162. Der erste Versuch mußte bereits in der ersten deutschen Ausgabe geschildert werden. MM 51/1.
163. MM 88/38, 3.

62

Nach § 240 StGB wird mit Freiheitsstrafe bis zu drei Jahren oder Geldstrafe bestraft, wer einen anderen rechtswidrig mit Gewalt oder durch Drohung mit einem empfindlichen Übel zu einer Handlung, Drohung oder Unterlassung nötigt. Nötigen bedeutet folglich, den anderen zu einem ungewollten Verhalten zwingen[164].

Daß die Neffen weder Lust auf dreiwöchiges Kirschenpflücken noch auf einwöchiges Geschirrabwaschen verspüren, entspricht der allgemeinen Lebenserfahrung und wird hinreichend aus ihren Unmutsäußerungen deutlich. Konkrete Gewalt hat Donald allerdings nicht gegen die unmündigen Entchen angewandt. Seine Neffen nehmen seinen Anspruch auf uneingeschränkte Beteiligung an Haushalt und Arbeit offensichtlich als natürlichen Ausfluß onkelscher Herrschaftsgewalt – wenn auch murrend – hin. Damit übt Donald eine strukturelle, unausgesprochene Herrschaftsgewalt über seine Neffen aus, die hier für die Anwendung des § 240 StGB ausreichen muß.

Die entscheidende Frage lautet, ob das Verhalten Donalds rechtswidrig ist. Rechtswidrig ist eine Nötigung, wenn die Nötigung im Verhältnis zu dem angestrebten Zweck verwerflich ist und keine Rechtfertigungsgründe für das Verhalten des Täters vorliegen.

Die ältere Generation mag an dieser Stelle zu Recht fragend die Stirn runzeln. Stecken die Neffen nicht ihre Füße unter Donalds Tisch? Seit wann bestimmen minderjährige Enten autonom über ihre Belange?

Kein Wunder: Noch bis 1957 verbürgte das Bürgerliche Gesetzbuch dem Vater das Recht zur Anwendung „angemessener Zuchtmittel", das ihm bis zum Jahre 1900 sogar noch gegenüber seiner Ehefrau zustand. Bis 1900 durfte der Herr sein Gesinde züchtigen, bis zum Jahre 1951 unterstanden Lehrlinge der „väterlichen Zucht" des Lehrherrns gemäß § 127 a Gewerbeordnung. Wer sein Kind – oder seinen Knecht! – prügelte, tat dies folglich mit voller Billigung der Rechtsordnung. In den zwanziger Jahren

---

164. *Lackner*, StGB, § 240 Anm. 1.

63

war sogar die Rechtsauffassung verbreitet, daß nicht einmal der Begriff der Körperverletzung erfüllt sei, wenn ungezogene Kinder beispielsweise geohrfeigt würden. Denn diese setze per definitione eine unangemessene Mißhandlung voraus, woran es fehle[165]. Noch im Jahre 1961 hat Kienapfel den bemerkenswerten Versuch unternommen, zu beweisen, daß die Züchtigung keine Körperverletzung sein könne, weil diese sozialadäquat und sozialüblich sei sowie aufgrund des „sozialen Aktwertes" und dem „sozialpsychologischen Vertrauensverhältnis zwischen Gezüchtigtem und Erzieher" nicht vom Strafgesetz erfaßt sein könne[166].

1952 entschied der Bundesgerichtshof, daß Eltern ihr elterliches Züchtigungsrecht nicht überschreiten, wenn sie ihre 16jährige Tochter durch Kurzschneiden der Haare und Festbinden an Bett und Stuhl bestrafen und ihr 24 Stunden lang die Mahlzeiten enthalten[167]. Der BGH fand derartige Erziehungsmethoden eher praktisch, da das Mädchen wegen der kurzgeschnittenen Haare das Haus nicht mehr verlassen mochte und so daran gehindert war, den mißbilligten Verkehr mit Jungen zu unterhalten. Dieses allerdings abschreckende Beispiel abwegiger höchstrichterlicher Rechtsprechung[168] läßt sich beliebig ergänzen. Das Bayrische Oberlandesgericht hat im Jahre 1978 entschieden, daß ein Lehrer einen 11jährigen Schüler am Ohr ziehen und ihm zwei kräftige Ohrfeigen verpassen darf. Der Schüler hatte allerdings auch zuvor einige schülertypische Schwerverbrechen begangen. Er hatte einen Schwamm in ein 4 Meter entferntes Waschbecken geworfen, wobei ein Trinkglas zerbrach und war bei Stundenende „wie ein Geißbock" im Klassenzimmer herumgehüpft[169].

Der BGH hat im Jahre 1976 den Leiter eines Kinderheimes freigesprochen, der dazu neigte, die ihm anvertrauten Schützlinge

---

165. *Schönke/Schröder*, Strafgesetzbuch, 6.Aufl. 1952, § 223 Anm. VI 2.
166. Kienapfel, Körperliche Züchtigung und Sozialadäquanz im Strafrecht, 1961.
167. BGH NJW 1953,1440 ff.
168. Hinz, in: Münchender Kommentar zum BGB, 2. Aufl., § 1631 Rn.21.
169. BayObLG NJW 1979,1371.

64

durch Schläge mit dem Rohrstock auf das Gesäß zu züchtigen, wenn diese wieder einmal ausgerissen waren[170]. Im Jahre 1957 meinte der BGH noch, daß Schläge auf Finger, Handflächen und Gesäß mit dem Rohrstock zur Ahndung von Störungen im Unterricht „allgemein übliche und wegen ihrer Ungefährlichkeit die zweckmäßigsten Züchtigungsmittel" dastellten[171]. Eltern haben auch nach neuester höchstrichterlicher Rechtsprechung ein Recht zu maßvoller körperlicher Züchtigung[172]. Darunter können nach Meinung des BGH sogar mehrmalige Schläge auf das Gesäß und die Oberschenkel eines achtjährigen Mädchens mit einem „1,4 cm starken und in sich stabilen Wasserschlauch" fallen, auch wenn sich daraufhin rote Striemen bilden. Leider ließ der BGH in diesem Falle unberücksichtigt, daß das Kind im Elternhaus konstant die Nahrungsaufnahme verweigerte und die Provokationen eine Reaktion auf das berechtigte Gefühl der emotionalen Vernachlässigung darstellten[173].

Wider allen Erkenntnissen der modernen Kinderpsychologie und der Pädagogik ist die Frage der Autonomiestellung des Kindes in der bürgerlichen Gesellschaft nach der Rechtsprechung immer noch einseitig zu Lasten der Kinder beantwortet.

Gegenüber diesen haar- und federsträubenden Urteilen erscheinen die Demütigungen der Neffen durch Donald allenfalls lapidar und banal. Nur darf man eines nicht vergessen: Die Mißhandlung Minderjähriger aus vorgeschobenen pseudopädagogischen Gründen, das Abreagieren von Frustration über das eigene erzieherische Versagen mittels des Rohrstocks, die Vermittlung subjektiver sittlicher Wertvorstellungen per Haarschere steht natürlich nicht jedermann, sondern nur dem Erziehungsberechtigten zu. Die Züchtigung von Kinder ist ureigenstes Recht der Eltern. Wie bei Eigentum und Vermögen dürfen nur diese über ihre Kinder disponieren, wie es ihnen paßt. So ist es beispielsweise

---

170.   BGH NJW 1976,1949.
171.   BGHSt 11,241 ff.
172.   BGH 25.11.1986, StrafV 1988,62.
173.   Rolinski StV 1988,63.

verboten, fremden Kindern eine Ohrfeige zu verpassen, obwohl diese trotz vorhergehender Warnungen die Wassertonne eines Nachbarn umgeschubst haben, der in seinem Garten Betonarbeiten vornimmt[174].

Damit stellt sich die Frage, ob Donald überhaupt berechtigt ist, sich zum Despoten gegenüber Tick, Trick und Track aufzuschwingen!

Hier könnte man an ein natürliches Gewaltverhältnis zwischen älterem Onkel und jüngerem Entengemüse denken. Unser allerhöchstes Gericht, welches mittlerweile gar Staatsoberhäupter gebiert, ist zum Thema Abstammung folgender Meinung: „(Die Abstammung) ist ein konstitutiver Faktor menschlicher Individualität, in der das natürliche Pflege- und Erziehungsrecht der Eltern wurzelt"![175] Für Donald reicht es dennoch nicht. Ein allgemeines Handeln in loco parentium[176] gibt es auch für Onkel nicht. Sie sind rechtlich Fremde, vererben mal das eine oder andere Vermögen, was ihnen jedoch entgegen etwa der Ansicht Dagoberts nicht das Recht gibt, über potentielle Erben wie ein Sklavenhalter zu verfügen.

Das Erziehungsrecht könnte Donald zustehen, wenn er die Neffen adoptiert hätte oder deren Vormund wäre. Dafür fehlt es an Anhaltspunkten. Abgesehen davon kann nur Vormund werden, der auch nach seiner Vermögenslage zur Führung einer Vormundschaft geeignet ist, § 1779 BGB; eine angesichts der desolaten Finanzlage Donalds unerfüllbare Anforderung. Auch stünde man vor dem anatomischen Problem, wie Donald die Bestellung zum Vormund „mittels Handschlags an Eides Statt" bewerkstelligen sollte, wie es § 1789 BGB verlangt[177].

Das Verhalten Donalds kann folglich höchstens gerechtfertigt sein, wenn ihm das Erziehungsrecht durch die Eltern selbst über-

---

174. OLG Saarbrücken NJW 1963,2379.
175. Deshalb hat jedes Kind ein Recht auf Kenntnis seiner Abstammung, BVerfGE 79,256; die Neffen könnten folglich Donald auf Auskunft zu der Frage verklagen, wer eigentlich Frau „Ente" ist!
176. Will heißen: an Stelle der Eltern.

tragen worden ist. Wie gesehen, gab „Ente" die drei Plagegeister bei Onkel Donald ab. Verstößt eine solche Aussetzung der Kinder nicht womöglich gegen die guten Sitten?

Bereits am 2.1.1900 hat das Reichsgericht anerkannt, daß die Übertragung des Erziehungsrechts auf Dritte nicht schrankenlos möglich ist. Die sechsjährige Agnes war von ihrer Mutter an eine Künstlerfamilie zur Ausbildung als Artistin gegeben worden und landete schließlich bei dem Angeklagten, der eine „Handequilibristin" aus ihr machen wollte und sie – wohl zu diesem Zwecke – heftigst und blindlings mit einem Rohrstock schlug[178]. Er berief sich vergeblich auf ein Erziehungsrecht, weil er dies nicht wirksam von der Mutter erhalten hatte.

So kraß liegt unser Fall dagegen nicht. Auch muß man wohl davon ausgehen, daß „Ente" selbst zur Erziehung berechtigt war, da sie zumindest nach eigenem Bekunden vom Vater der Neffen beauftragt worden ist.

Das Erziehungsrecht muß die Taten Donalds schließlich auch abdekken. Dies ist nun sehr fraglich. Nach moderner Rechtsauffassung ist unter Erziehung die dynamische gedachte Förderung des Kindes zur Entfaltung seiner Begabungen und Fähigkeiten zu verstehen, die ihre natürlichen Grenzen allerdings in den Einkommensverhältnissen, Sozialvorstellungen und Bedürfnissen der Familie findet[179].

Dreiwöchiges Kirschenpflücken und einwöchiges Abwaschen sind zwar äußerst dynamische Dinge und wecken die Fähigkeit des Kindes, sich engsten finanziellen Vorgaben anzupassen und die kleinen Fingerchen, vielmehr Schwimmflösschen zu immenser Geschicklichkeit auszuprägen. Dies kann aber kaum gemeint

---

177. Es handelt sich um das allgemeine Problem der Diskriminierung von Comic-Figuren aufgrund anatomischer Besonderheiten: Auch Snoopy ist einmal die Teilnahme an einem Daumendrückwettbewerb versagt worden.

178. RGSt 33,32; dies scheint beinahe Vorbild des berühmten Filmes „Der große Zampano" gewesen zu sein. Jedenfalls hat man die großen Kinderaugen der geschundenen Giuletta Masina vor dem geistigen Auge.

179. Hinz, in: Münchener Kommentar zum BGB § 1631 Rn.9.

sein, will man nicht auch Kinderarbeit übelster Prägung unter dem Deckmantel der Erziehung zulassen. Eltern jüngerer Generation werden sich eher dazu verleiten lassen, die Beschäftigung ihrer Kleinkinder im Haushalt als gesellschaftlich sinnvolle Vorprägung für späteres WG-Leben und Einübung sozialen Grundverhaltens zu verkaufen. Damit mag man das Wegräumen des eigenen Geschirrs legitimieren, nicht aber Dauerschuften im Dienste der Familie gegen den Willen des Kindes!

Die Beschäftigung der Kinder beim Kirschenpflücken entspringt vorgeschobener finanzieller Beengtheit, die Donald dazu noch selbst produziert hat, weil er zuvor beim Versuch, seine Neffen bei einer Wette zu beschubsen, eine Wassermühle zerstört hat. Zum Abwasch bewegt Donald die Neffen durch einen schnöden Erpressungsversuch, indem er ihnen androht, das Ergebnis eines Fußballspiels zu verraten[180].

Damit scheidet eine Rechtfertigung aus. Die Schuld Donalds ist unzweifelhaft gegeben. Er hat sich damit gemäß § 240 StGB einer Nötigung schuldig gemacht.

c) Diebstahl in besonders schweren Fällen, §§ 242, 243 StGB

Indem Donald die mühsam verdienten Spargroschen der Neffen an sich nimmt und dazu deren Sparschwein erbricht[181], könnte er sich eines Diebstahls in einem besonders schweren Fall schuldig gemacht haben, §§ 242, 243 StGB.

Dies setzt voraus, daß das Geld für Donald eine fremde bewegliche Sache ist. Dafür kommt es darauf an, ob das Geld der Neffen im Sparschwein in fremden Eigentum, also nicht unserem gefiederten Onkels gehörte. Dies mag durchaus problematisch sein,

---

180. Wenn jedoch für ihn selbst Entlastung zu erwarten ist, so läßt er – eine Viertelstunde bevor der Geschirrspüler geliefert wird – von seinen Neffen, die just wieder vor einem riesigen Abwasch stehen, sich vertraglich zusichern, daß sie nun die gesamte Gartenarbeit übernehmen und er den Abwasch (MM 79/17, 4).
181. TGDD 6, 5.

68

Sieh da! Sie haben meine Ermahnungen zum Sparen ernst genommen!

wenn Eltern ihren Kindern Taschengeld zur freien Verwendung überlassen und es sich dann doch anders überlegen. Denn das Erziehungsrecht umfaßt auch die Befugnis, darüber zu entscheiden, wie die lieben Sprößlinge ihr Geld ausgeben. Die Neffen haben sich ihr Spargeld jedoch ganz offensichtlich anders als ihr arbeitsscheuer Onkel durch ehrliche Arbeit wie Rasenmähen verdient[182]. Nach dem sogenannten Abstraktionsprinzip, dessen Absurdität und Komplexheit die Studienzeit so manche(r/s) brave(n) Jurastudentin und -en um ein Beträchtliches verlängert hat, mögen die mit Nachbarn abgeschlossenen Dienstverträge wegen der wohl gegebenen Geschäftsunfähigkeit der Neffen unwirksam sein. Eigentum an dem Geld haben sie dennoch erworben. Dies schützt das Gesetz auch vor raffgierigen Entenonkeln.

Donald hat das Geld in der Absicht rechtswidriger Zueignung weggenommen, nämlich um sich wie ein Eigentümer über das fremde Geld zu gerieren und die Neffen dauernd von dem Gebrauch des Geldes auszuschließen. Er hat den Tatbestand des Diebstahls erfüllt.

Das Geld ist weiterhin durch verschlossene Behältnisse gegen

---

182. MM 51/1.

69

So ... für jedes Geldstück kommt ein Knopf hinein. Dann rasselt es, und niemand merkt den Betrug.

Wegnahme gesichert. Eine Schutzvorrichtung ist eine von Menschenhand geschaffene Einrichtung, die dazu bestimmt und geeignet ist, die Wegnahme einer Sache erheblich zu erschweren[183]. Es reicht zwar nicht aus, lediglich eine Sache mit einer einfachen Schnur an dem Gepäckträger eines Fahrrades zu befestigen oder mit einen Briefumschlag zu umschließen. Sparschweine sind aber durch ein Schloß gesichert und nicht ohne weiteres zu öffnen; sie rfallen damit unter die Bestimmungen von § 243 Abs. 1 Nr. 2 StGB.

Donald hat sich damit eines besonders schweren Falls des Diebstahls schuldig gemacht, sofern sich die Tat nicht auf eine geringwertige Sache bezog, § 243 II StGB. Es kommt also darauf an, was sich in dem Sparschwein befunden hat: geringwertig ist nach dem derzeitigen Stand der Rechtsprechung ein Betrag von DM 80,— (= 1600 Taler[184]). Den Fleiß der Neffen in allen Ehren: 1600 Taler dürften in ihr Sparschwein kaum hineinpassen. Ein Diebstahl in einem besonders schweren Fall scheidet damit aus.

Auch der einfache Diebstahl ist nur auf Antrag verfolgbar, wenn die Kinder Angehörige ihres Onkels sind, § 248 a StGB. Der juristische Laie muß sich hier darüber belehren lassen, daß im Straf-

---

183. Lackner, StGB, § 243 Anm. 4b)
184. Siehe oben III.6. a.E.

70

recht Geschwisterkinder gemäß § 11 I Nr.1 StGB nicht als Angehörige ihres Onkels angesehen werden, obwohl dies bereits 1936 und 1962 geändert werden sollte. Jedoch sind sie Pflegekinder: es besteht das erforderliche „dauernde, dem natürlichen Eltern-Kind-Verhältnis sittlich gleichartige Band zwischen den Verbundenen"[185]. Dies sind wiederum Angehörige im Sinne des Gesetzes!

Also müßten die Neffen Strafantrag stellen. Da Kinder bei der Stellung des Strafantrags durch ihren gesetzlichen Vertreter vertreten werden, ergibt sich mal wieder das Problem, daß diese nicht bekannt sind. Für die Kinder ist damit vom Vormundschaftsgericht ein sogenannter Ergänzungspfleger zu bestellen, der darüber entscheiden muß, ob der Strafantrag gestellt werden kann. Schlußendlich stellen wir fest, daß Donald ein Riesenglück hat: Ein Strafantrag muß innerhalb von drei Monaten gestellt werden, § 77 b StGB.

Da die hier in Frage stehenden Untaten bereits im Jahre 1951 begangen worden sind, dürfte diese Frist mittlerweile abgelaufen sein.

3. Umweltstraftaten

In der Duckschen Lebenswelt kommt es häufig zu Zwischenfällen, die im Ergebnis mehr oder weniger massiv die Umwelt beeinträchtigen. Ob Donald zur Behinderung seiner schwimmenden Neffen einen See mit Öl überzieht, Dagobert als Ersatz für eine weiße Weihnacht Entenhausen in Seifenflocken hüllt oder unzählige Bäume aushöhlt, damit sein Geld darin Platz finden kann – Umweltschutz wird hemmungslos mißachtet. Zur Ahndung solcher Skrupellosigkeiten steht uns eine ganze Bandbreite von gesetzlichen Regelungen zur Seite. Es folgt auszugsweise ein Überblick.

---

185.   RGSt 58, 61; 70, 324.

71

Man hat nichts zu lachen...

Ich verurteile Sie dazu, die Landstraße 1. Ordnung von hier bis zur Heideneiche von allem Unrat zu säubern!

a) Verbreiten von Unrat

Was das Verteilen von Abfällen an nicht dafür vorgesehenen Orten betrifft, kennen die Ducks keine Hemmungen. Auto- oder Flugzeugwracks werden gedankenlos an der jeweiligen Unglücksstelle zurückgelassen[186], nicht mehr benötigte Gegenstände landen selten in Abfallkörben oder Mülleimern. Donald ist so auch schon dazu verurteilt worden, die Landstraße, auf der er eine Flasche weggeworfen hatte, von Unrat zu säubern[187].

Bei weniger erheblichen Schädigungen wie einer solchen weggeworfenen Flasche greift § 18 Abfallbeseitigungsgesetz (AbfG). Diese Vorschrift belegt denjenigen mit einem Bußgeld, der Abfälle außerhalb einer dafür zugelassenen Abfallbeseitigungsanlage ablagert – „abgelagert" wird auch eine Zigarettenkippe auf der Straße (oder das weggeworfene Knöllchen, mit dem sich das OLG Hamm zu beschäftigen hatte[188]), denn der Begriff bedeutet „lagern mit dem Ziel, sich der Sache endgültig zu entledigen".

Als weiterer Straftatbestand insbesondere im Hinblick auf das

---

186. TGDD 102, 33.
187. TGDD 54, 50.
188. Beschl. v. 31.7.1974, OLGSt § 4 AbfG, 5.

72

Zurücklassen von Wrackteilen aller Art kommt § 326 StGB, Umweltgefährdende Abfallbeseitigung, in Betracht. Allerdings werden hier nur erhebliche schädliche Umwelteinwirkungen erfaßt. Strafbar ist zum Beispiel, wer Abfälle, die geeignet sind, nachhaltig ein Gewässer, die Luft oder den Boden zu verunreinigen, außerhalb einer dafür zugelassenen Anlage ablagert oder sonst beseitigt. Viel Gedanken haben sich die Juristen zu der Frage gemacht, was überhaupt Abfall ist. Es gibt, je nach Standpunkt, einen subjektiven Abfallbegriff (alle Sachen, deren sich der Besitzer entledigen will) oder einen objektiven Abfallbegriff (alle Sachen, deren geordnete Entsorgung zur Wahrung des Wohls der Allgemeinheit geboten ist)[189]. Das Problem wird an der heißumstrittenen Frage deutlich, ob Hundekot Abfall ist. Die Rechtsprechung sagt mit dem objektiven Abfallbegriff: In der Stadt ja, in der freien Natur nein.

b) Wassergefährdung

Wenn die Ducks wieder einmal ein Ölfaß über einem idyllischen Teich ausgießen, roten Farbstoff ins Wasser schütten oder einen Kanonenschuß Lebertran im Grundwasser versickern lassen, machen sie sich nach dem eben erwähnten § 326 ebenso strafbar wie nach § 324 (Verunreinigung eines Gewässers), denn eine solche Tat schädigt die Umwelt erheblich genug, um strafwürdig zu sein.

c) Lärm

Auch Lärm ist ein beliebtes Störmittel der Enten. Wenn Donald mit seiner Orgel für Lokomotivpfeifen die ganze Stadt zum Vibrieren bringt[190] oder gar Lärmterror gegen seine Nachbarn startet[191], verstößt er gegen § 325 StGB. Mit der Musikmaschine zum Beispiel betreibt er im Sinne der Vorschrift eine Anlage, die gesundheitsschädigenden Lärm verursacht, ohne eine straßen- und wegerechtlich notwendige Erlaubnis eingeholt zu haben. Um

---

189. *Schönke-Schröder/Lenckner*, StGB, § 326 Rn. 2b.
190. MM 55/2,12
191. TGDD 21,52

73

Lärm handelt es sich dabei fraglos, denn Lärm wird definiert als ein beträchtliches Geräusch, das vom menschlichen Ohr wahrgenommen werden kann und dessen Wahrnehmung normal empfindende Menschen stört[192].

d) Naturschutz

Kaum zu glauben, aber in Entenhausen hat man offensichtlich noch nichts von Baumschutzverordnungen, Natur- oder Tierschutzgesetzen gehört. Wo bei uns wachsame Nachbarn bei jedem geknickten Fliederbusch die Polizei benachrichtigen, bohrt Dagobert viele Wochen lang ungestört einen ganzen Waldabschnitt an, um sein Geld zu verstecken[193]. Seelenqualen verursacht ihm nur der Gedanke an die nahenden Panzerknacker, nicht aber an ein mögliches Bußgeld für den Verstoß gegen die Baumschutzverordnung.

Am Schluß erwähnt werden soll noch „Dagobert Ducks' Seifenflocken AG"[194], die als Ersatz für eine weiße Weihnacht Entenhausen mit Seifenflocken berieselt, bis ein Regenguß alles zu Schaum werden läßt[195]. Neben den schon erwähnten Umweltschutztatbeständen muß hier als Grundlage für ein Bußgeld § 11 Nr.1 Waschmittelgesetz herangezogen werden. Ordnungswidrig handelt, wer nicht zugelassenes Waschmittel in Verkehr bringt, womit jedes gewerbsmäßige Abgeben an andere gemeint ist. Nach den Schaumbergen zu urteilen, ist Dagoberts Waschmittel sicherlich nicht biologisch abbaubar und daher nicht zugelassen. Gewerbsmäßig handelt Dagobert selbstverständlich auch, denn er bezweckt den Verkauf seiner Rodelschlitten – im Ergebnis hilft uns also auch dieses Spezialgesetz im Kampf gegen den skrupellosen Alten weiter.

---

192. *Schönke-Schröder/Lenckner*, StGB, § 325 Rdnr. 21.
193. TGDD 96, 14
194. Man beachte das überflüssige Apostroph, das sich hierzulande erst seit der Wiedervereinigung vor allem bei Firmierungen von Imbißunternehmen allgemeiner Beliebtheit erfreut.
195. TGDD 3, 53.

V.
Tick, Trick und Track

1. Strafmündigkeit

Bevor wir uns die Mühe machen, hier in eine strafrechtliche Prüfung einzusteigen, müssen wir feststellen, ob die drei Jungs überhaupt strafmündig sind. Strafbar machen kann sich nämlich erst ein Jugendlicher ab 14 Jahre – § 19 StGB. Es bestehen starke Zweifel daran, daß die drei Kleinen dieses Alter jemals erreicht haben. Sie gehen zwar zur Schule, können lesen, schreiben und rechnen und sind insgesamt ganz clever – ihnen fehlt aber ein wichtiges Indiz, das, wenn sie 14 Jahre alt wären, mit Sicherheit vorläge – sie haben kein Interesse an Mädchen.

Mädchen finden sie sogar blöd, ja sie wehren die amourösen Annäherungsversuche von Dicky, Dacky und Ducky sogar mit den Worten ab: „Wir können kleine Mädchen nicht ausstehen!"[196]. Es beleidigt sie, bei Pfadfinderwettkämpfen gegen Mädchen antreten zu müssen[197]. Die Drei würden nie auf die Idee kommen, sich zu verlieben, zu verabreden oder gar über Küsse und weiteres nachzudenken.

Nun gibt es auf diesem Gebiet einige Untersuchungen, die alle

---

196.   TGDD 37,12.
197.   MM 56/15, 2.

75

zu demselben Schluß kommen: Ab 14 Jahre besteht bei dem größten Teil der Jugendlichen der Wunsch, heterosexuelle Kontakte aufzunehmen. So verabredet sich der durchschnittliche Junge zum ersten Mal mit 14 Jahren und 2 Monaten und küßt mit 14 Jahren und 11 Monaten zum ersten Mal[198].

Von einem solchen Stadium sind Tick, Trick und Track weit entfernt, sie stecken noch mit beiden Beinen in der Kindheit und spielen lieber Hoppe Hoppe Reiter auf Steckenpferden[199]. So müssen all die unter anderen Lebewesen gezündeten Chinaböller, die angesägten Treppenstützen, gelockerten Deckenverputze[200] und sonstigen Streiche ungesühnt bleiben. Der gleichen Ansicht ist auch Dr. Euler, der die Kinder wegen Minderjährigkeit „freispricht"[201], wobei er übersehen haben dürfte, daß das Verfahren

---

198. *Grassel/Bach*, Kinder- und Jugendsexualität, 1979, 19; *Kluge*, Jugendsexualität im Spannungsfeld individueller, interaktioneller und gesellschaftlicher Bedingungen, 50.
199. TGDD 116, 3.
200. Siehe nur MM 54/4, 5.

76

wegen der Kindhaftigkeit der Angeklagten erst gar nicht hätte durchgeführt werden dürfen[202].

Soweit die Drei mit Wissen Donalds oder anderer Erwachsener gegen Straf- und Ordnungswidrigkeitsvorschriften verstoßen[203], kommt natürlich eine Ahndung der Erwachsenen als sogenannte mittelbare Täter in Betracht. Wenn Donald zum Beispiel mit seinen drei kleinen Neffen Wasserski läuft, trauen wir unseren Augen kaum: da steuert doch tatsächlich eins der Kinder das Motorboot[204]. Natürlich haben die Kleinen die für ein Sportboot mit Antriebsmaschine über 3,69 kW vorgeschriebene Fahrerlaubnis nicht, die können sie gem. § 5 Abs.1 Nr.1 a Sportbootführerscheinverordnung-Binnen auch erst ab dem 16. Lebensjahr erwerben. Donald handelt demnach ordnungswidrig, wenn er zuläßt, daß ein Kind das Boot führt (§ 13 Nr. 3 SportbootFüV-Bin), wobei wir bezweifeln müssen, daß Donald selbst Inhaber eines entsprechenden Führerscheins ist[205]. Nicht unerwähnt bleiben soll, daß sich die Kinder auch in der Luft einiges zutrauen – so fliegen sie entgegen den Strafvorschriften des Luftverkehrsgesetzes munter kleinere Sportflugzeuge ohne entsprechenden Luftfahrführerschein[206].

In diesem Zusammenhang soll am Rande das Verhältnis der drei Kleinen zur Nutzung von Transportmitteln ohne Entrichtung des Leistungsentgeltes erörtert werden – bekanntlich sind die Drei notorische Schwarzfahrer. Sie haben noch keine Schiffs- oder Flugpassage bezahlt und sind unzählige Male auch als blinde

201. TGDD 117, 31.
202. Vgl. *Schönke-Schröder/Stree*, StGB, § 19, Rdnr. 5.
203. Hierzu namentlich *Kucharz*, Mein Kind ist eine Nervensäge – Aufmerksamkeitsstörungen im Kindesalter und ihre Therapie, in: medizin heute, Heft 9/88, 37
204. TGDD 42, 33.
205. Wahrscheinlich wäre es ihm beim Antrag auf Zulassung zur Prüfung so ergangen wie schon mancher Kandidatin vor ihm – er wäre an der Hürde des § 6 Abs.2 Nr.1 SportbootFVO-Bin gescheitert, wonach ein Lichtbild in der Größe 38 x 45 mm vorzulegen ist.
206. TGDD 105, 17. *Giemulla/Schmid*, Der Luftfahrzeugführer. Seine Rechte und Pflichten, 1990

Passagiere erwischt worden. Eine Strafe wegen Beförderungserschleichung gem. § 265 a StGB brauchen die Kinder wegen ihres Alters nicht befürchten. Jedem eingefleischten Juristen fällt an dieser Stelle der Flugreisefall ein – ein Problem aus dem Zivilrecht. Der Bundesgerichtshof hatte in jenem Fall, bei dem ein minderjähriger reiselustiger Junge ohne Ticket nach New York geflogen war, entschieden, daß die Fluggesellschaft von den Eltern den Flugpreis verlangen kann[207]. Zum heiß diskutierten Lehrbuchfall wurde die Entscheidung wegen der komplizierten Erörterungen zum Bereicherungsrecht (der Minderjährige wird als bereichert behandelt, weil er sich auf den Wegfall der Bereicherung nicht berufen darf), einem Rechtsgebiet, durch das inzwischen auch die gelehrtesten Wissenschaftler nicht mehr hindurchführen können. Wie in so vielen Rechtsbereichen handelt es sich um akademische Formen „geistiger Onanie" (Ohde), dem die Gerichte mit der bewährten Daumenpeilmethode entgegnen: „Und so schließt es messerscharf, das nicht sein kann, was nicht sein darf."[208]

2. Exkurs: Fähnlein Fieselschweif

An dieser Stelle muß die obskure Jugendorganisation juristisch durchleuchtet werden, der die drei kleinen Enten angehören. Beim Fähnlein Fieselschweif soll es sich um eine Pfadfindergruppe handeln, ganz offensichtlich hat dieser Verein aber paramilitärischen Charakter[209]. Die Uniform besteht aus Biberschwanzmütze, roter Jacke und braunen Hosen, es werden Verdienstorden mit Band

---

207. BGHZ 55, 128 ff.
208. Frei nach Christian Morgenstern, Die unmögliche Tatsache. Siehe zur Ausformung der Morgenstern-Theorie durch den BGH bei der Bestrafung von Sitzblockaden: Kramer, Die Morgenstern-Theorie des BGH in der Praxis – Zur wundersamen Wiederkehr der „nicht zu berücksichtigenden Fernziele", in: Betrifft: JUSTIZ 1989, 108 f.; siehe noch Gieschen/Meier, Strafakte Faust, 56 ff. m.w.N.
209. So auch Kunzle, Carl Barks: Dagobert und Donald Duck, S.36.

78

und sonstige Medaillen und Auszeichnungen zum Teil gleich pfundweise vergeben, die Beförderungsleiter geht, um nur einige Stufen zu nennen, vom gewöhnlichen Fieselschweifling über den 10-Sterne-Fiesling, Gruppenführer, Fähnleinsleiter, Rottenboß, P.F.L.O.V.St.H.F.[210], Oberstwaldmeister, Generalfeldmeister. Letztere werden ausdrücklich „besoldete Befehlshaber" genannt.[211]

Das Verhältnis zu Symbolen und Ritualen ist strikt und martialisch. Es gilt Strammstehen, Mützengrüßen, Blasappell, Trommelwirbel, Fahnentragen, man tritt „in voller Kriegsstärke" an. Bei einem Wettkampf im Brückenbauen richtet sich die gegnerische Mädchenpfadfindertruppe unter der Leitung einer früheren „Wehrmachtshelferin" gar nach einer alten Wehrmachtsdienstvorschrift![212]

---

210. Pfadfinder-Landes-Oberverbands-Stabs-Hauptführer, TGDD 56/15,11.
211. TGDD 58, 66.
212. MM 56/15, 5. Den Herausgebern der MM ist offenbar die Problematik der Anspielung auf Traditionen des Dritten Reichs bewußt geworden, denn bei Nachdrucken wechseln häufig die Kleidungsfarben zu unverfänglicheren Kombinationen. Statt braunem Rock (MM 56/15,10) trägt die ehemalige Wehrmachtshelferin 13 Jahre später (TGDD 16,2) neutrales Blau.

Straftatbestände interessieren hier wegen der Strafunmündigkeit der Jungen wieder nur im Hinblick auf Erwachsene, die die Jungen gewähren lassen oder sogar selbst mitmachen. Da bei den Fähnleins keine Waffen im technischen Sinne auftauchen, kommt die „Bildung bewaffneter Haufen"[213] gem. § 127 StGB nicht in Betracht. Die Bildung einer kriminellen Vereinigung gem. § 129 StGB ist ebenfalls nicht gegeben – zwar begehen die Pfadfinder gelegentlich zumindest Ordnungswidrigkeiten, wenn sie Bäume fällen zum Hütten- oder Brückenbau oder Lagerfeuer entfachen, strafbares Verhalten ist aber nicht der Zweck der Vereinigung.

a) Verwendung verfassungswidriger Kennzeichen, § 86a StGB

Bedenken könnten aber gegen die Uniformen, Fahnen, Orden und Ehrenzeichen der Gruppe bestehen. § 86a StGB verbietet die Verwendung verfassungswidriger Kennzeichen, zu denen nach Absatz 2 unter anderem Fahnen, Abzeichen, Uniformstücke, Parolen und Grußformen gehören. Unter § 86a StGB fallen beispielsweise die Verwendung des Hakenkreuzes und der SS-Runen[214] in allen Facetten und auch, soweit diese verfremdet, aber noch erkennbar sind[215], das Tragen von FDJ-Abzeichen selbst nach der „Wiedervereinigung"[216], unter § 86a fallen das Singen des „Horst-Wessel-Liedes"[217] und des Liedes „Es zittern die morschen Knochen"[218], unter § 86a fallen das Braunhemd[219] der Faschisten und der „Hitlergruß"[220].

Es bedarf sicher weiterer Betrachtungen, um die gesamtgesell-

---

213. Auch offiziell nennen die drei Kinder ihre Gruppe einen „Haufen", MM Spezial Nr. 11, S. 95.
214. OLG Frankfurt NStZ 1982, 333.
215. OLG Köln NStZ 1984, 508; BayObLG NJW 1988, 2901 (2902); OLG Hambrug NStZ 1981, 393.
216. *Leipziger Kommentar/Laufhütte*, StGB, § 86a Rdnr. 4.
217. BGH MDR 1965, 923.
218. OLG Celle NJW 1991, 1497.
219. BayObLG NStZ 1983, 120. Nicht aber das dunkelblaue Hemd der FDJ, ohne entsprechendes FDJ-Emblem (BayObLG NJW 1987, 1778).
220. BGHSt 25, 30, 34.

schaftliche Gefährlichkeit der Gruppe Fieselschweif beurteilen zu können. Nicht zu verkennen ist jedoch deren faschistoid-paramilitärisches Auftreten, zu dem das Tragen brauner Hosen und die Begrüßung mit hochgehaltenem rechten Arm durch den vorgesetzten P.F.L.O.V.ST.H.F. gehören[221]. Die Bekleidung mit „Braunhosen" und die Verwendung des „Hitlergrußes" ist auch strafrechtlich zu ahnden. Auf die Indienstnahme der Insignien des Terrors steht eine Geldstrafe oder eine Freiheitsstrafe von bis zu drei Jahren.

b) Uniformverbot, §§ 3, 28 Versammlungsgesetz

Nach weiterer Suche kann man auch im Versammlungsgesetz (VersG) fündig werden: Gemäß § 28 i.V.m. § 3 VersG wird mit Geldstrafe bestraft, wer öffentlich Uniformen, Uniformteile oder gleichartige Kleidungsstücke als Ausdruck einer gemeinsamen politischen Gesinnung trägt.

Uniformen tragen die Fieselschweiflinge einschließlich ihrer erwachsenen Mitglieder ohne Zweifel öffentlich. Die Uniform ist hier auch Ausdruck einer politischen Gesinnung, denn die Vorschrift meint nicht allein Parteipolitik, sondern Politik in allgemeiner Form[222]. Nicht politisch ist im Hinblick auf die Verbotsnorm nur Uniformtragen zu religiösen, beruflichen, wirtschaftlichen, geselligen oder kulturellen Zwecken (so straflos für Hebammen, Polizei, Feuerwehr, Post, Schützenvereine, Heimat- und Trachtenvereine, Karnevalsgesellschaften, Studentenverbindungen)[223]. Hier läßt sich die Jugendorganisation Fieselschweif nicht einordnen. Sie hat vielmehr den Zweck erzieherisch gestaltend auf die jungen Mitglieder einzuwirken, es sollen – wie dargelegt – militante, entindividualistische, gehorsame Mitglieder der Gesellschaft geschaffen werden. Eine durchweg politische Zielsetzung, die streng

---

221. MM 56/15, 11.
222. *Wacke*, in: Erbs/Kohlhaas, Strafrechtliche Nebengesetze, Stand 1994, V 55, § 3 Rdnr. 8.
223. *Wacke*, in: Erbs/Kohlhaas, Strafrechtliche Nebengesetze, Stand 1994, V 55, § 3 Rdnr. 8.

an die faschistischen Nachwuchsorgansiationen („Hitlerjungen")
erinnert.

Denkbar wäre allein ein Dispens durch den Bundesminister des
Innern, den dieser nach § 3 Abs. 2 VersG auf Antrag erteilen kann.
Da Fieselschweif einen solchen Antrag nicht gestellt hat, ist der
Straftatbestand erfüllt.

82

c) Ausblick

Wie zu sehen, können wir der unter dem Deckmantel der Naturwüchsigkeit operierenden Wehrsportgruppe Fieselschweif mit den Mitteln des Rechts entgegentreten. Ob dies allerdings auch in der Praxis geschieht, dürfte fraglich sein, da es sich um keine links-, sondern rechtsgerichtete Gruppe handelt. Die Gerichte werden – wie sie es historisch stets getan haben – auf das vaterländische Getue und im Kern faschistische Treiben mit Zurückhaltung und sanften Lächeln reagieren. Danach haben wir es wieder mit Verwirrten, einer Krieg „spielenden" Kampfsportgruppe oder Einzelkämpfern zu tun, die Mitleid, manchmal sogar Hochachtung[224], jedenfalls keine ernstzunehmende Bestrafung verdienen. Verwirrte, vom rechten Weg abgekommene Einzeltäter bleiben sie in den Augen der Justiz auch, wenn die ersten Häuser brennen.

Verständnislos stehen wir, da schon die Justiz versagt, den Erziehungsberechtigten gegenüber, die ihre Kinder ohne Bedenken der Organisation überlassen. Dabei sollten neben den militärischen Attributen der Truppe auch die sektenhaften Züge der Organisation nachdenklich machen – man denke nur an die Bibel der Gruppe, das Pfadfinderhandbuch („Mein Kampf"?), das in jeder Lebenslage gleich einem Allheilmittel Hilfeleistung verspricht.

224.　Ein schillerndes, gleichwohl aktuelles Beispiel ist hier der Prozeß von 1924 gegen den versuchten Rechtsputsch der Herren Hitler, Ludendorff u.a. Hitler wurde zu fünf Jahren Festungshaft verurteilt, mit dem Hinweis, er werde nach sechs (!) Monaten auf Bewährung entlassen werden. Der Österreicher Hitler hätte seinerzeit wegen der Straftat gesetzlich zwingend abgeschoben werden müssen. Dem stellte das Gericht entgegen: „Auf einen Mann, der so deutsch denkt und fühlt wie Hitler, (...) kann nach Auffassung des Gerichts die Vorschrift (...) des Republikschutzgesetzes (...) keine Anwendung finden." Siehe zum Ganzen: *Hannover*, Terroristenprozesse. Erfahrungen und Erkenntnisse eines Strafverteidigers. Terroristen und Richter 1., 1991 (sehr lesenswert!).

V.

Die Panzerknacker AG

Die kriminelle Szene Entenhausens wird bekanntlich wesentlich durch die Existenz und Machenschaften der Panzerknacker geprägt. Zeitpunkt[225] und Grund der Entstehung dieses Verbundes liegen im Dunkeln[226]. Dies gilt sogar für ihre Anzahl, die mal auf 13, mal auf mindestens 28 geschätzt wird[227]. Es deutet einiges darauf hin, daß die Mitglieder eine lose Verbindung eingegangen sind, die vor allem durch familiäre Bande zusammengehalten wird. Das legt jedenfalls die Bezeichnung des Nestors als Opa Knack nahe.

Ob das ständige Tragen einer brillenförmigen Maske auf einen vererbten Augenfehler zurückzuführen ist, scheint zweifelhaft. Dies wird eher als sinnfälliges äußeres Zeugnis des einzigen Bedürfnisses der Gruppe zu deuten sein, welches bekanntermaßen darin besteht, sich durch die rechtswidrige Einverleibung des Vermögens Dagoberts, eben der reichsten Ente der Welt, ein paradie-

---

225. 1950 oder 1951.
226. Allerdings gibt es offenbar eine längere Familientradition: „Unsere Vorfahren, die Raubritter, die hatten's gut. Die haben's zu was gebracht" (MM 79/2, 37).
227. Der Spiegel Nr.52/1993 und die völlig zutreffende Replik des Lesers Haertel in Der Spiegel Nr.1/1994, der seine Zahlenangabe mit der dem gemeinen Donaldisten eigenen Gründlichkeit mit Verweisen auf die Ziffernfolge auf den Trikots der Panzerknacker stützt.

84

sisches Leben auf Erden zu ermöglichen, etwa auf der Insel Ta-
nai[228].

Ob dieses Bedürfnis von Generation zu Generation weiterver-
erbt wird, mag man vermuten, wenn man dazu neigt, Kriminalität
biologisch-eugenisch zu erklären. Als Anhänger moderner Erklä-
rungsversuche von Kriminalität leuchten uns eher solche Ansätze
ein, die Kriminalität als Ausdruck eines gesellschaftlichen Zu-
schreibungsprozesses (sog. Labeling approach) begreifen. Gerade
die Panzerknacker unterliegen einer Stigmatisierung durch die
Entenhausener Gesellschaft, die ein Ausbrechen aus dem vorge-
zeichneten Weg in die Kriminalität kaum möglich erscheinen lassen. Die in diesem Zusammenhang interessierende Schichtzuge-
hörigkeit der Panzerknacker kann nicht abschließend beurteilt
werden. Allenfalls der zum Teil nicht korrekte Gebrauch der
deutschen Sprache, nach den Regeln der Kommunikationsfor-
schung wohl als „restringierter Code" zu bezeichnen[229], deutet
darauf hin, daß jedenfalls Teile der Panzerknacker der Unter-
schicht zugehörig sein könnten[230]. Daß es sich bei den Panzerknackern nicht um Enten, sondern um Hunde handelt, soll hier
nicht zur Einführung rassistisch beeinflußten Kriminalitätstheo-
rien verleiten.

Wären die Bemühungen unserer maskierten Freunde von Er-
folg gekrönt, wären ihre Machenschaften fast als mafios zu bezeichnen[231]. Opa Knack als Pate steht einem international ver-
flochtenen Verbrechersyndikat vor, welches sich als Aktiengesellschaft eine höchst potente Organisationsform zur unverfängli-
chen Durchsetzung wirtschaftlicher Interessen gegeben hat[232].
Dies ist auch nötig, da die Panzerknacker über ein beachtliches

---

228. D.O.N.A.L.D.-Kalender 1992-1993, Quackenpress Trier 1991, 74-76.
229. Vgl. TGDD 112,54: „Wir sind jetzt genau unter dem alten Duck seinem
     Geldspeicher" = grammatikalisch nicht unproblematischer Gebrauch des
     Genitivs.
230. Andererseits wird ein Mitglied wegen erwiesener Dämlichkeit ausge-
     schlossen, MM 62/7,10.
231. *Grobian Gans* sieht den entscheidenden Unterschied in der fehlenden
     Unterstützung durch Polizei und Justiz, Die Ducks, S.37.

Wir sind die Panzerknacker und tun, was uns gefällt! Heut' gehört uns die Kohldampfinsel und morgen die ganze Welt!

Potential an Logistik zur Verfolgung ihres verwerflichen Primärziels verfügen. Einzelne Mitglieder der Gruppe werden zu Spezialisten auf allen denkbaren Bereichen ausgebildet, die durchaus auch akademische Berufe umfassen[233]. Das Panzerknacker-Imperium nimmt offensichtlich auch keinen Schaden daran, daß ein Teil seiner Mitglieder ständig unter staatlicher Aufsicht Entenhausener Gefängniszellen von innen sieht. Die Austauschbarkeit jedes Mitgliedes, der hohe Grad an Verschwörergeist manifestiert sich schließlich nicht zuletzt in der Anonymisierung und Entindividualisierung des einzelnen, der lediglich eine Nummer erhält, die keinerlei Rückschlüsse auf den Träger des immer gleichen uniformen Erscheinungsbildes der Panzerknacker, nämlich: roter Pullover, blaue Hose, blaue Mütze, stets Dreitagesbart, zuläßt.

---

232. Auch international sind die Panzerknacker tätig. So wird die „Inter-Krim", die in vergleichbarer äußerer Erscheinung, nur mit arabischen Zahlen auf Brustschildern auftreten, in Schlamasselabad (Kleinasien) eingeschaltet, um dort Dagobert um einen Schatz zu bringen (MM 79/5, 19).
233. Siehe etwa die Lehrgangsbescheinigung für Sprengmeister, TGDD 92,9 oder die Unterrichtsteilnahme im „Privaten-Real-Kriminaleum", die leider so erfolglos ist, daß die drei Panzerknacker in den angeschlossenen Kindergarten zurückversetzt werden.

86

Allein: die Entwicklung der beträchtlichen kriminellen Energie führt nicht zum gewünschten Ziel, sondern immer nur in Entenhausener Staatsgefängnisse. Allenfalls vorübergehend dürfen die Panzerknacker kurzen und intensiven Kontakt zum Vermögen Dagoberts aufnehmen, wohl mal in seinem Gold baden[234], über sein Vermögen verfügen, nie aber gelingt es ihnen, dauerhaft in den Kreis der reichsten Verbrecher der Welt aufgenommen zu werden. Zeitweilig sind sie sogar gezwungen, sich über den Klub ehemaliger Piraten und Filibustiere[235] zu Hungerlöhnen für die Ausführung von Bagatelldelikten, etwa als Fahrradmarder mit einem Anteil am Erlös von kläglichen 3 %, vermitteln zu lassen. Der Beitritt zur Seeräubergewerkschaft nützt wenig, die Knacker fliegen sogar aus dem Sozialamt.

Die kriminelle Tätigkeit der Knacker führt andererseits zu erheblichen Gefährdungen Unschuldiger, so beim Abwerfen von Napalmbomben[236], der Entführung Donalds, der aus dem fahrenden Wagen geworfen wird, bei illegalen Abhöraktionen und dem Einsatz von Granatwerfern[237]. Um so unverständlicher ist die Sympathiewelle, die ihnen entgegenschlägt.

Als wenn die Panzerknacker moderne Freiheitskämpfer wären, hat sich ein „Freies Radio Panzerknacker" konstituiert. Die hessische Rockband „Flatsch" verherrlicht die kriminelle Bande mit dem Refrain und gleichnamigen Song „Ich möchte ein Panzerknacker sein, kleiner dicker böser Panzerknacker sein"[238]. Dabei ist die Annahme, bei den Panzerknackern handele es sich um proletarische Klassenkämpfer[239], längst von der Forschung widerlegt[240].

---

234. Mit üblem Ausgang: die Knacker ziehen sich beim Kopfsprung in das harte Münzgeld schwere Blessuren zu . (SH, 10).
235. MM 64/27,37.
236. SH 10. Diese im Erscheinungsjahr 1952 (US-Ausgabe) so bezeichnete neue Waffe ist in der deutschen Erstausgabe 1954 nur als „Mine" umschrieben worden.
237. MM 70/35, 3; TGDD 98, 40; TGDD 34, 61.
238. Tantiemen für erhöhten Absatz der CD bitte an den Verlag zu Händen der Autoren!
239. Vgl. MM 69/36.

Die Verbrechen, Vergehen, versuchten Straftaten der Panzerknacker im einzelnen sind ungezählt[241] und, da am Ende jeder Tat das Klicken der Handschellen zu hören ist, abgeurteilt und verbüßt. Nur: wie verhält es sich mit der Strafbarkeit der Panzer-

---

240.   Anders noch „Der Spiegel", Heft 43, 1969. *Grobian Gans*, Die Ducks, 37 bezeichnet die Knacker dagegen treffend als „Operettenrevolutionäre" und vermutlich depravierte Handwerker.

knacker als Organisation, Vereinigung, Gruppe, wie sie sich vereint allen guten Werten und Grundsätzen der Entenhausener Gesellschaft, speziell aber Dagoberts Vermögenswerten entgegensetzt und diese zu vernichten droht? Soweit die Bedrohung und Verletzung des Rechtsfriedens im Inneren gerade infolge der einer kriminellen Vereinigung innewohnenden Eigendynamik[242] im Raum steht, muß gefragt werden, ob dies strafrechtlich nicht besonders erfaßt und geahndet werden muß.

1. Bildung bewaffneter Haufen, § 127 StGB

Nach § 127 StGB wird mit Freiheitsstrafe bis zu 2 Jahren oder mit Geldstrafe bestraft, wer unbefugterweise einen bewaffneten Haufen bildet. Wer sich diesem Haufen anschließt, wird genauso bestraft.

Mit dieser Vorschrift will der Gesetzgeber gerade den durch die Tätigkeit der Panzerknacker gestörten „Inneren Frieden" schützen. Daß zugleich auch die Wehrhoheit des Bundes durch die Schaffung dieser Norm erhalten bleiben werden soll, sei nur am Rande bemerkt[243].

Ob die Panzerknacker ein Haufen im Sinne des Gesetzes sind, richtet sich zunächst nach ihrer Anzahl. Zwei Personen sind vielleicht eine Bande oder eine kriminelle Vereinigung, obwohl man sich trefflich darüber streite, ob es sich dazu nicht doch mindestens um drei handeln muß[244]. Fraglich ist, ob die Panzerknacker

---

241. Die im D.O.N.A.L.D.-Kalender 1992-1993 aufgelistete Einsatzbilanz mit nur 39 Taten (beginnend mit „8 Großeinsätzen gegen den Geldspeicher" und endend mit „1 Einsatz gegen die Ahornsirupvorräte der Entenhausener Bürger") unterschlägt alle Straftaten außerhalb der Barks-Sphäre und ist daher nicht als abschließend zu betrachten.
242. Vgl. *Schönke-Schröder/Lenckner*, StGB, § 129 Rdnr. 1.
243. Die Bundeswehr dürfte wohl ein bewaffneter Haufen sein, der sich aber befugterweise gebildet hat; hier griffe § 127 also nicht ein.
244. Sehr umstritten. Siehe mit weiteren Nachweisen etwa *Lackner*, StGB, § 244 Anm. 3.a)

einen Haufen bilden. Verlangt werden mal 10, mal 20 Teilnehmer. Hier trifft es sich, daß die Panzerknacker selbst einen Hinweis, vielleicht mit falschem Stolz auf die Größe ihrer Organisation, quasi auf der Brust tragen. Langjährige Beobachtungen haben trotz der durch die gleichförmige Maskierung erschwerten Bedingungen ergeben – wie oben schon erwähnt –, daß es sich wohl um mehr als 28 Individuen handelt, sie also einen Haufen bilden.

Dieser Haufen von Panzerknackern ist bewaffnet, wenn wenigstens eine erhebliche Anzahl von Teilnehmern über Waffen verfügt[245]. Dafür gibt es mehr als genügend Hinweise. Es reicht zwar nicht der Einsatz von Robotern gegen Dagoberts Geldspeicher, denn schließlich muß es sich um Waffen im technischen Sinne handeln. Da die Panzerknacker aber auch über diese verfügen[246], sind sie bewaffnet. Nun muß der Einsatz dieser Waffen auch dem Einsatz gegen Menschen dienen, was zweifelhaft sein könnte, da dieser Einsatz soweit ersichtlich nie gegen andere Menschen, sondern lediglich Enten und ähnliches Getier erfolgte. Diese Eingrenzung des Begriffs der Bewaffnung dient in der strafrechtlichen Literatur jedoch nur dazu, nicht auch Schützenvereine als „bewaffnete Haufen" bezeichnen zu müssen[247]. Es reicht der Zweck des Besitzes der Waffen; und zu welch anderem Zweck als zur Bedrohung von Menschen bzw. Enten haben die Panzerknacker wohl Waffen!

Die Panzerknacker machen sich folglich nach § 127 StGB strafbar.

---

245. *Schönke-Schröder-Lenckner*, StGB, § 127 Rdnr. 3.
246. Als da sind: Napalm-Bomben, Handgranaten, Raketenwerfer, Granaten und Maschinengewehre, vgl. MM 70/35, 3; SH 10; TGDD 98, 40 und 34, 61.
247. So *Schönke-Schröder/Lenckner*, StGB, §127 Rn.3

90

2. Bildung einer kriminellen Vereinigung, § 129 StGB

Wer eine Vereinigung gründet, deren Zweck oder deren Tätigkeit darauf gerichtet ist, Straftaten zu begehen oder sich an einer solchen Vereinigung als Mitglied beteiligt, macht sich strafbar. Dazu bedarf es keiner näheren Prüfung: Die Panzerknacker sind gemäß § 129 StGB mit Freiheitsstrafe bis zu fünf Jahren oder Geldstrafe zu belegen.

3. Bildung einer terroristischen Vereinigung, § 129a StGB

Terroristisch ist eine Vereinigung dann, wenn ihr Zweck oder ihre Tätigkeit auf besonders schwere Straftaten gerichtet ist. Darunter fallen Völkermord, Mord und Totschlag, Entführungen und weitere ähnlich schwere Taten aus dem Gruselkabinett des bundesdeutschen Strafgesetzbuches. Seit 1987 reicht es allerdings auch aus, wenn ein Gruppe darauf aus ist, Strommaste zu fällen oder Einsatzfahrzeuge der Polizei zu beschädigen.

Die im Katalog des § 129a StGB genannten Straftaten werden vielfach erfüllt. Beispielsweise durch den Einsatz schwersten Kriegsgeräts werden Gebäude in Brand gesetzt (§ 306 StGB), Sprengstoffexplosionen herbeigeführt (§ 311 StGB) und der Tod anderer mindestens billigend in Kauf genommen (§§ 211, 212 StGB), wenngleich die Verwirklichung des Totschlags- und Mordtatbestandes bislang erstaunlicherweise nicht gerichtskundig wurde. Des weiteren sind die zahllosen Entführungs- und Geiselnahmehandlungen nach §§ 239a, 239b StGB hier aufzuführen.

Damit sind die Panzerknacker auch als terroristische Vereinigung anzusehen.

Es gibt eben keine soziale Gerechtigkeit mehr! Was können wir denn dafür, daß wir noch nicht alt und arbeitsunfähig sind?!

4. Verbotenes Uniformtragen, §§ 3, 28 Versammlungsgesetz

Nach §§ 3, 28 Versammlungsgesetz (VersG) ist es verboten, öffentlich Uniformen, Uniformteile oder gleichartige Kleidungsstücke als Ausdruck einer gemeinsamen politischen Gesinnung zu tragen.

Die Panzerknacker tragen ständig ihre rot-schwarz-geringelte Gefängniskleidung, schwarze Tarnbrillen, blaue Arbeitshosen und schwere Arbeitsschuhe sowie blaue Mützen. Es stellt sich nur die Frage, ob dies auch Ausdruck einer politischen Gesinnung ist. Entscheidend ist, ob die Uniformträger ein bestimmtes politisches Ziel durch die massensuggestive Wirkung äußerer Uniformität erreichen wollen[248]. Die Panzerknacker tragen ihre Kleidung ganz offensichtlich zur Manifestation einer gemeinsamen Gesinnung, allerdings nicht politischer, sondern wohl eher beruf-

---

248. Meyer/Köhler, Das neue Demonstrations- und Versammlungsrecht, 3.Aufl. 1990, § 3 Anm. 4.

licher Natur. Sie nennen sich nicht beim Namen, sondern bei ihrer aufgedruckten Nummer; die Gefängniskleidung wird auch bei längerem Aufenthalt in der Freiheit nicht abgelegt; die schwarze Brille wird ohne Not auch tagsüber getragen. Jedoch lassen die Panzerknacker jede politische Ausrichtung vermissen. Es geht ihnen nicht um die Beseitigung kapitalistischer Machtstrukturen oder die Verbesserung der Welt, sondern nur um den schnöden Mammon Dagoberts. Als Erklärung bleibt nur eines: Das trotzige Tragen der Insignien ihrer gesellschaftlichen Isolation stellt den kindlichen und traurigen Versuch dar, sich einen Rest Achtung vor sich selbst zu erhalten und dies auch nach außen hin zu zeigen. So greift § 3 VersG nicht ein.

5. Vermummungsverbot, §§ 17 a Abs. 2 Nr.1, 27 Versammlungsgesetz

Durch das Tragen der schwarzen Masken könnten die Knacker gegen das Vermummungsverbot des § 17 a VersG verstoßen haben. Danach ist es verboten, an einer öffentlichen Versammlung unter freiem Himmel in einer Aufmachung teilzunehmen, die darauf gerichtet ist, die Feststellung der Identität zu verhindern. Es ist schon fraglich, ob die Masken geeignet sind, die Identität der kriminellen Subjekte zu verdecken. Denn die Kerle tragen ihre Kennziffern – wenig schlau – direkt auf der Brust, was eine Identifizierung anhand polizeilicher Videoaufnahmen sogar bei Großveranstaltungen ohne weiteres ermöglichen würde. Jedenfalls ist kein Fall bekannt, in dem die politisch desinteressierten Ganoven an einer Versammlung im Sinne des Versammlungsgesetzes teilgenommen haben.

Ein Verstoß gegen das Vermummungsverbot liegt damit nicht vor.

VI.

Gustav Gans

Die Person Gustav Gans ist den Entenhausener Strafverfolgungsorganen stets ein Dorn im Auge gewesen. Er geht keiner ehrlichen Arbeit nach und leidet dennoch niemals Hungers, ist immer gut gekleidet und stellt geradezu den Prototyp des Aufschneiders und Heiratsschwindlers dar. Grobian Gans hat die gewagte Theorie aufgestellt, Gustav sei in Wirklichkeit CIA-Agent; anders sei es nicht zu erklären, daß ihm bei einer überraschend hereinbrechenden Springflut plötzlich Gummielefanten zur Verfügung stehen[249].

Die Wirklichkeit sieht weit weniger aufregend aus: Gustav ist ein schlichter kleinkrimineller Ganove, der seinen Lebensunterhalt durch kleine Gaunereien, insbesondere Betrügereien und Funduntschlagungen bestreitet. Schon an der Rechtmäßigkeit der Namensführung von „Gustav Gans", der ja offensichtlich ein Erpel ist, müssen wir Zweifel bekunden. Ob es sich hierbei um einen eingetragenen Künstlernamen handelt, konnten wir leider nicht ermitteln.

Nur der naive Donald ist vom Walten übersinnlicher Kräfte überzeugt, wenn Gustav scheinbar das Glück beisteht. Schmied dieses Glückes ist vielmehr stets auf kriminelle Weise Gustav

---

249. Vgl. *Grobian Gans*, Die Ducks, 67 mit Verweis auf MM 24/60, 7

94

selbst, auch wenn sich nicht alle Fälle bis ins Letzte aufklären lassen werden. Dazu nur einige Beispiele:

1. Betrug

Um Donald eine Perlenkette zu entwenden, verkleidet sich der heimtückische Enterich als Wahrsager, dem Donald gutwillig die Kette überläßt, damit ihm kein Unheil geschehe. Gustav gibt vor, die Kette in einem hohlen Baum zu verstecken, damit sie Donald dort wieder abholt. Dies geschieht; jedoch tauscht Gustav zuvor die Kette in eine unechte Perlenkette um![250]

Damit könnte sich Gustav eines Betruges schuldig gemacht haben.

---

250. MM 55/1, 11.

Gustav hat Donald getäuscht, indem er ihm als verkleideter Wahrsager weismacht, daß er die echte Kette in den Baum zurücklegen werde. Dadurch hat er bei Donald auch einen Irrtum hervorgerufen. Das Gesetz schützt auch den geistig etwas Minderbemittelten, Lebensfremden und Leichtgläubigen vor einer Täuschung, so daß es unbeachtlich ist, daß nur eine Ente mit dem geistigen Horizont eines Brunnenfrosches wie unser Donald auf derartig offensichtliche Manipulationen Gustavs hereinfallen kann.

Der gutgläubige Donald gibt die Kette weg in dem Irrtum, er erhalte sie von Gustav auch wieder. Er verfügt folglich aufgrund der Täuschung über sein Vermögen.

Da Donald eine unechte Perlenkette zurückerhält, hat er auch einen Vermögensschaden erlitten. Zweifelhaft ist allenfalls noch die Absicht Gustavs, sich mittels seiner gemeinen Tat zu bereichern. Erforderlich wäre, daß sich Gustav den Unterschiedswert zwischen echter und unechter Kette seinem Vermögen einzuverleiben gedachte. Er will jedoch vorrangig seinen Vetter ärgern[251]. Auch wenn dieser miese Charakterzug durchaus strafwürdig wäre, fehlt es am Tatbestand des Betrugs, wenn das Opfer ausschließlich geschädigt werden soll[252]. Andererseits reicht es aus, wenn die Bereicherung des eigenen Vermögens als nicht unwillkommene Begleiterscheinung der Tat begrüßt wird. So verhält es sich hier, denn Gustav macht keinerlei Anstalten, von sich aus Donald den entstandenen Wertverlust zu ersetzen.

Damit beleuchtet das Beispiel deutlichst die betrügerischen Machenschaften des Gustav Gans und damit die Quelle seines Lebensunterhaltes. Gustav ist wegen Betruges strafbar.

---

251. MM 55/1, 10.
252. Ähnlich beim Diebstahl: Darunter fällt nicht das Klauen nur um das Geklaute zu zerstören!

96

2. Fundunterschlagung

Am übelsten stößt dem Strafjuristen der Umgang Gustavs mit Dingen auf, die er zufällig in Papierkörben oder auf der Straße findet. Gustav scheint nichts anderes zu tun, als von dem darauf entfallenden Finderlohn zu leben[253]. Dies ist jedoch ein großer Irrtum!

In jedenfalls zwei Fällen hat Gustav geflissentlich nach Abwägung des Wertes seines Fundes und der zu erwartenden Belohnung davon abgesehen, den Fundgegenstand zurückzugeben. Einmal handelt es sich um einen Ring[254], einmal gar um eine ganze Kiste voller Goldstücke[255].

Nur am Rande erwähnt sei dieses dritte Beispiel: Als Gustav in Begleitung Donalds ein wertvolles Briefmarkenalbum findet, kann Donald den widerstrebenden Gustav nur mit sanfter Gewalt dazu bewegen, das Album sofort zurückzubringen. Denn, so Gustav: „Dummkopf! Je länger er (der arme Eigentümer) darum zittert, desto größer wird mein Trinkgeld!!!". Rechtlich übrigens eine sehr leichtfertige Annahme, denn nach §§ 971 Abs. 2 , 965 BGB verliert der Finder seinen Anspruch auf Finderlohn, wenn er den Fund nicht unverzüglich dem Verlierer oder dem Eigentümer oder der zuständigen Behörde meldet.[256]. Nicht umsonst begleitet Donald seinen verdorbenen Vetter, „damit du keine krummen Sachen machst"[257].

Im Falle des Ringes und der Goldtruhe kommt die Begehung einer Fundunterschlagung in zwei Fällen in Betracht, § 246 StGB. Danach macht sich wegen Unterschlagung strafbar, wer sich eine

---

253. „Weihnachten in Kummersdorf" in „Ich, Donald Duck" Band 1, München 1974, S. 128. Der Finderlohn beträgt übrigens gesetzlich nach § 971 BGB bei Werten bis zu DM 1.000,– 5%, von dem Mehrwert 3%, bei Tieren immer 3%.
254. Vgl. TGDD 97,56.
255. MM 62/2, 32.
256. So wird Gustav noch vom personifizierten Pechvogel Donald selbst zu seinem Glück geradezu gezwungen!
257. „Donald Duck gegen den goldenen Mann" in „Ich, Donald Duck" Band 1, 1974, S.96

97

fremde bewegliche Sache, die er in Besitz oder Gewahrsam hat, rechtswidrig zueignet.

Der Ring und die Schatztruhe mußten für Gustav also fremd sein, d.h. im Eigentum eines anderen stehen, sie dürfen nicht „herrenlos" sein, wie die Juristen sagen. Generell verliert man Eigentum nicht einfach dadurch, daß man die Sache verliert. Für gezähmte Tiere, also etwa einen Haushund, ist genau geregelt, daß dieser herrenlos wird, wenn er die Gewohnheit ablegt, an dem ihm bestimmten Ort zurückzukehren. So kann man schnell sein Eigentum an einem Wellensittich verlieren, denn dessen Bedürfnis nach Rückkehr an den heimischen Käfigspiegel wird naturgemäß mit dem Entfleuchen enden[258]. Gefangene wilde Tiere werden dagegen erst herrenlos, wenn sie dem Käfig entrinnen und der Eigentümer die Verfolgung aufgibt. Bienen machen es einem noch schwerer: Ist ein Bienenschwarm in eine fremde besetzte Bienenwohnung eingezogen, wie dies sogenannte Hungerschwärme gern zu tun pflegen, erwirbt der Eigentümer der Wohnung automatisch auch das Eigentum am neuen Schwarm, der dafür regelmäßig den Stock erheblich schädigt[259].

---

258. Zu Beizvögeln: OLG Schleswig, Jahrbuch des Deutschen Falkenordens 1970/71, 121.

98

Das Eigentum an beweglichen Sachen verliert der Eigentümer erst dann, wenn er in der Absicht, auf das Eigentum zu verzichten, den Besitz der Sache – und zwar freiwillig! – aufgibt. Hier wird deutlich, wie sich rechtlich das unabgeschlossen abgestellte Fahrrad und der Drahtesel auf dem Sperrmüll unterscheiden!

In unserem Falle fehlen jegliche Anhaltspunkte dafür, daß die Eigentümer des Ringes und der Truhe diese Dinge absichtlich und freiwillig aufgegeben haben.

Ring und Truhe waren also für Gustav fremde bewegliche Sachen.

Wer gut aufgepaßt hat, wird jetzt bemerken, daß die von § 246 StGB verlangte Zueignung, nämlich die Einverleibung der Sachen in das Vermögen Gustavs und die Begründung des Besitzes in unseren beiden Beispielen zusammenfallen. Damit scheint sich für Gustav das Problem der Unterschlagung erledigt zu haben! Denn schließlich können nach dem Gesetzeswortlaut nur solche Sachen unterschlagen werden, die der Täter bereits in seinem Besitz hat.

Wer so denkt, entlarvt sich als purer juristischer Laie, der den frohlokkenden Universitätsdozenten zu diesem hochgeistigen Thema noch nicht erleben durfte. Auch die Strafrechtswissenschaft hat zwar gemerkt, daß hier etwas nicht stimmt. Die „Strenge Auslegung" hat noch ehrlich und ohne Finesse Unterschlagung in solchen Fällen abgelehnt. In einer „Großen berichtigenden Auslegung" hat man dagegen den Wortlaut der Norm schlicht negiert. Dem Strafbedürfnis in den meisten Fällen kommt auch die wie immer „Vermittelnde Ansicht" entgegen, die es ausreichen läßt, daß Besitzbegründung und Zueignung zeitlich zusammenfallen. Auch hier wird der § 246 StGB vergewaltigt; diese Erkenntnis wird jedoch nach der herrschenden Meinung einem wie auch immer hergeleiteten „kriminalpolitischen Bedürfnis" geopfert. Sei's drum: Auch wir finden, daß es ja wohl kaum darauf ankommen kann, ob man eine Sache findet und gleich behalten

---

259. Vgl. die Kommentierung der §§ 961-964 BGB bei *Palandt*, Bürgerliches Gesetzbuch und Schüßler, Deutsches Bienenrecht, 1934.

99

will oder sich dazu erst später entschließt. Ist die Tat im ersten Falle nicht noch ruchloser? Manchmal muß man der Gerechtigkeit eben etwas nachhelfen, wenn der unwissende Gesetzgeber einen Paragraphen nicht so formuliert hat, wie man es für richtig hält.

Vorsatz, Rechtswidrigkeit und Schuld sind gegeben. Gustav ist folglich nach § 246 StGB mit Freiheitsstrafe bis zu drei Jahren oder mit Geldstrafe zu bestrafen!

3. Leistungserschleichung

Schließlich erwischen wir Gustav, wie er sich Nahrung dadurch verschafft, indem er mit seinem Spazierstock auf einem Automaten herumklopft, worauf ihm ein Schwall von Süßwaren entgegenströmt, die er ungeniert im Schnabel verschwinden läßt[260]. Dies Verhalten steht nicht nur in auffälligem Kontrast zu seinem geckenhaften Äußeren und dem arroganten Gesichtsausdruck, sondern wirft ein Licht auf die klägliche Existenz des Kleinganoven. Außerhalb der Sommersaison finden sich nämlich keine Fundsachen mehr, so daß sich der Ganter recht einseitig von Naschkram ernähren muß. Noch nicht einmal dies gelingt ihm ohne den Einsatz krimineller Energie.

Zunächst erhebt sich die Frage, ob sich Gustav des Erschleichens einer Leistung gemäß §265 a StGB schuldig gemacht hat. Nach dieser Vorschrift wird mit Freiheitsstrafe bis zu einem Jahr oder mit Geldstrafe bestraft, wer die Leistung eines Automaten, die Beförderung durch ein Verkehrsmittel oder den Zutritt zu einer Veranstaltung oder einer Einrichtung in der Absicht erschleicht, das Entgelt nicht zu entrichten. Wer eine bewegliche Sache aus einem Warenautomaten auf nicht dafür vorgesehene Weise erlangt, macht sich jedoch nur des Diebstahls, nicht aber

---

260. „Weihnachten in Kummersdorf" in „Ich, Donald Duck" Band 1, 1974, S.128.

100

nach § 265a StGB strafbar. Das Klopfen mit einem Spazierstock auf einen Süßwarenautomaten kann mithin nicht als „Erschleichen einer Leistung" angesehen werden.

Diebstahl läge vor, wenn Gustav die Süßigkeiten dem Berechtigten, also dem Automatenaufsteller weggenommen hätte. Wegnahme ist der Bruch fremden Gewahrsams gegen den Willen des Berechtigten. Bei Warenautomaten ist der Inhaber des Gewahrsams an dem Inhalt nur dann mit der Entnahme der Ware einverstanden, wenn das vorgesehene Zahlungsmittel eingeworfen wird. Deshalb begeht z.B. Diebstahl, wer einen Warenautomaten mit Falschgeld oder anderen unrichtigen Münzen füttert[261]. Hier kann man davon ausgehen, daß der Automatenaufsteller mitnichten mit der von Gustav vorgeführten Warenentnahme einverstanden ist. Auch die nur geringe Gewalteinwirkung auf den Automaten stellt damit eine Wegnahme dar.

Die Absicht rechtswidriger Zueignung ist unzweifelhaft gegeben: zwar führt Gustav die Bonbons eher seinem Gänsemagen als seinem Vermögen zu, doch ist der Verzehr die ureigenste Form der Zueigung an sich.

Damit hat sich Gustav gemäß § 242 StGB strafbar gemacht. Da es sich jedoch nur um geringwertige Sachen handelte, kann die Tat nur verfolgt werden, wenn ein Strafantrag vorliegt, § 248 a StGB.

Eine Sachbeschädigung liegt dagegen nicht vor, da nicht erkenntlich ist, ob die Schläge mit dem Spazierstock Substanz oder Funktionsfähigkeit des Automaten beeinträchtigt haben.

---

261.   BGH MDR 1952, 563.

VII.
Daniel Düsentrieb

1. Strafrechtliche Produkthaftung

Genial und zugleich von schwachem Verstande ist der Diplomingenieur Daniel Düsentrieb. Er erfindet die tollsten Dinge – den selbstgehenden Spazierstock, die Denkdose, den motorisierten Hulahoop-Reifen, den Glühwürmchenaufspürer – die meist zu nichts gut sind und nur Schaden anstellen. Typischerweise explodieren seine Erfindungen[262] oder mutieren von harmlos gedachten Maschinerien zu Bedrohungen der Entenheit[263]: Im Auftrag des schweinoiden Bürgermeisters Entenhausens erfindet Daniel einen Luftpüsterich, der zur Linderung sommerlicher Klimafolgen führen soll, tatsächlich aber nicht nur kühle Luft bringt, sondern auch eine Überflutungskatastrophe herbeiführt[264].

Die Produkthaftung des Warenproduzenten ist gerade auch im Strafrecht in den letzten Jahren zu einem herausragenden Thema avanciert. Komplexen Fragen, etwa jenen der Nachweisbarkeit und Ursächlichkeit des Fehlverhaltens von Geschäftsführern, spüren in diesem Zusammenhang diverse Juristen nach[265]. Offen-

---

262.   MM 58/24, 5.
263.   Z.B. TGDD 38, 45; TGDD 35, 60; MM 61, 32, 2.
264.   TGDD 119, 40.

bar hat die Entenhausener Gesellschaft diesen Komplexitätsgrad moderner Industriegesellschaften („Risikogesellschaft") noch nicht erreicht. Denn das, was der glücklose Erfinder uns darbietet, ist mit den herkömmlichen Tatbeständen und Dogmatiken des deutschen Strafrechts noch leicht zu fassen: Weder steht seine Urheberschaft in Frage, noch bestehen Zweifel an der generellen Gefährlichkeit seiner durchweg vollends idiotischen Kreationen.

Soweit Daniel Düsentrieb beispielsweise jubelt, weil die Explosion seines Labors zu einer neuen Erfindung führt[266], dürfte ihm dieser Jubel im Angesicht der strafbaren Herbeiführung einer Sprengstoffexplosion des § 311 StGB[267] vergehen. Danach droht ihm Freiheitsstrafe von mindestens einem Jahr, weil auch Menschen, im hier besprochenen Sachverhalt: Tick, Trick, Track, mit Leib und Leben gefährdet sind.

---

265. Etwa *Hassemer*, Produktverantwortung im modernen Strafrecht, 1994; Hilgendorf, Strafrechtliche Produzentenhaftung in der „Risikogesellschaft", 1993 sowie die wegweisende „Lederspray"-Entscheidung des Bundesgerichtshofes (BGHSt 37, 106).
266. MM 58/24, 9.
267. Wer anders als durch Freisetzen von Kernenergie, namentlich durch Sprengstoff, eine Explosion herbeiführt und dadurch Leib und Leben eines anderen oder fremde Sachen von bedeutendem Wert gefährdet, wird mit Freiheitsstrafe nicht unter einem Jahr bestraft.

103

Daneben verdienen etwa die sich beständig wiederholenden Straftaten gegen das LuftverkehrsG nur randständige Erwähnung: Selbstverständlich macht sich Düsentrieb – nomen est omen – strafbar, wenn er Luftroller, Einräder mit Raketenantrieb oder einen Teppich benutzt, der chaotisch-telegen aufgeladen ist, denn allen Fluginstrumenten fehlt es an der nach dem Luftverkehrsgesetz notwendigen Zulassung und Düsentrieb wahrscheinlich auch am Luftfahrführerschein (§ 2 LuftVG).

2. Strafbarkeit nach § 39 Gentechnikgesetz

Irgendwann in den 50er Jahren dieses Jahrhunderts muß Düsentrieb im Dunkel seiner Werkstatt „Helferlein" geschaffen haben, eine Mischung aus Lebewesen und Technik, etwas Draht mit einer Glühfadenbirne als Kopf, die gleichwohl über eigenen Willen und Verstand verfügt. Dieser Status als „Lebewesen" und nicht Maschine ist allgemein anerkannt. So erwirbt Helferlein beispielsweise – wie dies nur für Lebewesen möglich ist – einen „Orden für die Rettung der Stadt Entenhausen", indem er einen Zerstörungsroboter der Parasol-Filmgesellschaft mit einer Steinschleuder außer Betrieb setzt[268].

Nach § 39 Gentechnikgesetz (GentG) wird mit Freiheitsstrafe oder Geldstrafe bestraft, wer ohne Genehmigung gentechnisch veränderte Organismen freisetzt. Dafür müßte Helferlein ein Organismus sein, der in § 3 Nr. 1 GentG so definiert wird: „jede biologische Einheit, die fähig ist, sich zu vermehren oder genetisches Material zu übertragen". Organismen sind neben Menschen, Tieren und Pflanzen deshalb auch Bakterien, Pilze, Protozoen usw.[269] An der Fortpflanzungsfähigkeit bestehen gewisse Zweifel, da bereits die Erkennung eines primären Geschlechtsorganes Probleme aufwirft. Hier käme eigentlich nur der Glühfaden in Helferleins

---

268. TGDD 119, 32.
269. Hirsch/Schmidt-Didczuhn, Gentechnikgesetz, 1991, § 3 Rdnr. 3.

104

Kopf in Betracht. Es fehlen letztlich Nachweise für entsprechende Verhaltensweisen des kleinen Lebewesens.

Insoweit ist Daniel Düsentrieb nach dem GentG wohl nicht strafbar.

Da er es an anderen Stellen aber nicht unterläßt, Veränderungen an der Pflanzen- und Tierwelt vorzunehmen, welche wiederum zweifelsohne Organismen im Sinne des Gesetzes sind, werden wir ihn dennoch belangen können. Hingewiesen sei hier exemplarisch auf eine markante Episode des Düsentriebschen Wirkens, als er dem Landwirt Vetter Kunz zu einer ertragsreichen Ernte verhelfen wollte[270]. Statt ein bißchen anzupacken, ergründete er eine Gebräu aus Schwerwasser, Schnupftabak, Rhizinusöl und Hirschhornsalz, daß bei allen Pflanzen zu geradezu sensationellem Wachstum führte (u.a. 30 Meter hoher Mais, hausgroße Melonen und Kürbisse). Offenkundig hat Düsentrieb hier in die DNA-Strukturen der Pflanzen eingegriffen und so die Organismen selbst verändert.

Daniel Düsentrieb ist wegen des Vorfalles daher auch nach dem Gentechnikgesetz zu bestrafen.

---

270.   TGDD 106, 49 ff.

Fazit

In seiner Kommentierung zum „Schund- und Schmutzgesetz" (so nannte man das Gesetz über die Verbreitung jugendgefährdender Schriften (GjS) früher!) kam Robert Schilling 1954 zu der Erkenntnis, daß „comics eine Angelegenheit für Primitive und geistig Minderbemittelte" sind[271]. Dem ist beizupflichten. Nur – würden sich die Zeichengeschichten lediglich in retardierenden Verstandesleistungen der Leser niederschlagen, wäre in der öffentlichen Akzeptanz von Dagobert, Donald und der übrigen Brut noch kein größeres Problem zu erblicken.[272] In Wahrheit ist es jedoch so, daß sich in den „lustigen" Geschichten ein Wust schwerster Straftaten sammelt. Es erscheint mithin unverantwortlich, solche Lektüre unserer Jugend zur Hand zu geben, auf daß sie sich ausrichte an dem drogensüchtigen Superkapitalisten Dagobert, der seine Umwelt mit Betrügereien, Entführungen und Mißhandlungen malträtiert, an dem Tunichtgut Donald, der auf seinen Schulden reitet und ihm anvertraute Minderjährige züchtigt, an dem Kleingauner Gustav Gans, der von nichts lebt als von Lug und Trug, an den Neffen Tick, Trick und Track, die orientierungslos den Vorgaben ihrer faschistoid-paramilitärischen Gruppe Fieselschweif nacheifern.

---

271. *Schilling*, Schund- und Schmutzgesetz. Handbuch und Kommentar zum Gesetz über die Verbreitung jugendgefährdender Schriften vom 9. Juni 1953 (BGBl. I, S. 377), 2. Aufl., 1954.
272. Schließlich können auch Vorbestrafte es später einmal bis zum Ehrenvorsitzenden einer demokratischen Partei bringen.

Nimmt man die im Gutachten offengelegten Fakten zusammen, dürfte ein Einschreiten der Bundesprüfstelle für jugendgefährdende Schriften angezeigt sein. Nach § 1 GjS sind „Schriften, die geeignet sind, Kinder oder Jugendliche sittlich zu gefährden, (...) in eine Liste aufzunehmen". Also: Dagobert, Donald und die ganze Entenschar: „Frei erst ab 18 Jahren"!

Literaturverzeichnis

Baumann/Weber, Strafrecht Allgemeiner Teil, Aufl. 1985

Binding, Lehrbuch des gemeinen deutschen Strafrechts, Bes. Teil, 1907

Charette, Homöophatische Arzneimittellehre für die Praxis, 5.Aufl. 1987

Crusen, Moderne Gedanken im Chinesen-Strafrecht des Kiautschougebietes,: Festband anläßlich des 25jährigen Bestehens der Internationalen Kriminalistischen Vereinigung, redigiert von E. Rosenfeld, 1914, 134

Ducking, Darius, „Risiken und Chancen des bargeldlosen Zahlungsverkehrs am Beispiel des Duckschen Imperiums", Ducksborough 1991

Erbs/Kohlhaas, Strafrechtliche Nebengesetze, Stand 1994

Fink, „Der Entenbürzel im Wandel der Zeiten", DER DONALDIST Nr. 80, S.13

Gans, Grobian, Die Ducks. Psychogramm einer Sippe, 1972

Giemulla/Schmid, Der Luftfahrzeugführer. Seine Rechte und Pflichten, 1990

Gieschen/Meier, Strafakte Faust. Goethes berühmte Triebtäter auf dem juristischen Prüfstand. Tathergang-Schuldfrage-Anklageschrift, 1993

Graf zu Dohnas, Verbrechenslehre

Grassel/Bach, Kinder- und Jugendsexualität, 1979

Hannover, Terroristenprozesse. Erfahrungen und Erkenntnisse eines Strafverteidigers; Terroristen und Richter, 1. Aufl. 1991

Hassemer, Produktverantwortung im modernen Strafrecht, 1994

Hentig, Blutschandefälle Mutter – Sohn, MschrKrim 1962, 15

Herrmann, Das große Geflügelkochbuch, 1982

Hilgendorf, Strafrechtliche Produzentenhaftung in der „Risikogesellschaft", 1993

Hirsch/Schmidt-Didczuhn, Gentechnikgesetz, 1991

Husler, Hilfe von der „Hexerin". Ein ebenso dilettantischer wie heimtückischer Mordanschlag, Kriminalistik 1985, 157

Interaktion vor Gericht, bearb. von Hoffmann-Riem u.a., 1978

Jescheck, Lehrbuch des Strafrechts, Allgemeiner Teil, 4. Aufl. 1988

Kent, Kents Arzneimittelbilder, Vorlesungen zur homöopathischen Materia medica, 8. Aufl., 1990

Kienapfel, Körperliche Züchtigung und Sozialadäquanz im Strafrecht, 1961

Kluge, Jugendsexualität im Spannungsfeld individueller, interaktioneller und gesellschaftlicher Bedingungen, 1991

Kramer, Die Morgenstern-Theorie des BGH in der Praxis – Zur wundersamen Wiederkehr der „nicht zu berücksichtigenden Fernziele", in: Betrifft: JUSTIZ 1989, 108

Kucharz, Mein Kind ist eine Nervensäge – Aufmerksamkeitsstörungen im Kindesalter und ihre Therapie, in: medizin heute, Heft 9/88, 37

Kunz, Die automatisierte Gegenwehr, GA 1984, 539.

Kunzle, Carl Barks: Dagobert und Donald Duck

Lackner, Strafgesetzbuch mit Erläuterungen, 20. Aufl. 1993

Maisch, Der Inzest und seine psychodynamische Entwicklung, Beitr. z. Sexualforschung, Bd. 33 (1965), 51

Maurach/Schröder, Strafrecht Besonderer Teil, 5. Aufl, 1969

Meyer/Köhler, Das neue Demonstrations- und Versammlungsrecht, 3.Aufl. 1990

Moser,Jungfernkranz und Strohkranz, in: FS Kramer, hrsg. von K. Köstlin und K. D. Sievers, Berlin 1976

Moses, Die psychischen Mechanismen des jugendlichen Exhibitionismus, in: Zeitschrift für Sexualwissenschaften Bd. 17, 106

Münchener Kommentar zum Bürgerlichen Gesetzbuch. Herausgegeben von K. Rebmann/F. J. Säcker., 2. Aufl., 1984 ff. (zit. MünchKomm/ Bearbeiter)

N.N., Ist Daisy noch Jungfrau. Der DONALDIST 80, 16

Palandt, Bürgerliches Gesetzbuch, hrsg. von Bassenge u. a., 53. Aufl. München 1994

Potrykus/Steindorf, Waffenrecht. Waffengesetz mit Durchführungsverordnungen und Kriegswaffenkontrollgesetz, 5. Aufl., 1982

Pschyrembel, Klinisches Wörterbuch, 256. Auflage, 1990

Schilling, Schund- und Schmutzgesetz. Handbuch und Kommentar zum Gesetz über die Verbreitung jugendgefährdender Schriften vom 9. Juni 1953 (BGBl. I, S. 377), 2. Aufl., 1954

Schmoller, Betrug bei bewußt unentgeltlichen Leistungen, JZ 1991, 118

Schröder, Horst, Abstrakt-konkrete Gefährdungsdelikte, JZ 1967, 522

Schüßler, Deutsches Bienenrecht, 1934

Sommerlad, Über die Ausübung des Notwehrrechts durch Veranstaltung von Schutzwehrvorrichtungen, GerS 39 (1887), 359

Steinmetz, Der Exhibitionismus in Hamburg 1945 bis 1950, Diss. Hamburg 1951, 23

Strafgesetzbuch (Leipziger Kommentar), hrsg. v. H.-H. Jescheck u.a., 10. Aufl., 1978 ff.

Strafgesetzbuch und Nebengesetze. Erläutert von E. Dreher, fortgeführt von H. Tröndle, 45. Aufl. 1991

Strafgesetzbuch. Kommentar begründet von A. Schönke, fortgeführt von H. Schröder, 24. Aufl., 1991

Westermann, H.P., Über Unbeliebtheit und Beliebtheit von Juristen, 1986